성적쑥쑥
백범일지

성적쑥쑥
백범일지

2016년 6월 30일 초판 1쇄 발행

엮은이 | 스토리몽키
그린이 | 우디크리에이티브스
펴낸이 | 한승수
마케팅 | 안치환
편집 | 조예원
디자인 | 우디

펴낸곳 | 하늘을나는교실
등록 | 제395-2009-000086호
전화 | 02-338-0084
팩스 | 02-338-0087
E-mail | hvline@naver.com

ⓒ 2016, 스토리몽키
ISBN 978-89-94757-22-3   74800
ISBN 978-89-94757-17-9 (세트)

* 책값은 뒤표지에 있습니다.
* 잘못된 책은 구입처나 본사에서 바꾸어 드립니다.
* 이 책은 저작권법에 의하여 보호를 받는 저작물이므로
  무단 전제와 복제를 금합니다.

성적쑥쑥
백범일지

글 스토리몽키 **추천** 정하나 (동방초등학교 교사)

하늘을 나는교실

■ 머리말 ■

『백범일지』를 읽으면 왜 성적이 쑥쑥 오르는 걸까?

우리 민족의 큰 스승 백범의 애국일지

"나는 내가 못난 줄 알고 있다. 그러나 아무리 못났더라도 국민의 하나, 민족의 하나라는 사실을 믿음으로, 내가 할 수 있는 일을 쉬지 않고 해온 것이다. 이것이 내 생애요, 내 생애의 기록이 이 책이다."

백범일지를 출간하면서 김구 선생이 남긴 말입니다. 전 생애를 조국과 민족을 위해 바친 우리 민족의 큰 스승 김구 선생의 백범일지는 그가 손수 쓴 유언과도 같은 자서전입니다. 1947년 최초로 출간된 이후 지금까지 수많은 사람들에게 읽히고 있는 전 국민의 필독서라고 할 수 있습니다. 일제강점기 시절, 민족의 독립과 해방된 통일조국 건설에 혼신의 힘을 다하다가 끝내 비운의 죽음을 맞이한 백범 선생의 생애를 매우 진솔하고 감동적으로 전하는 책이 백범일지입니다.

보통의 자서전이 자신의 업적을 과대포장하고 잘못한 점은 애써 감추려고 하는 반면, 백범일지는 오롯이 사실만을 솔직하고 담담하게 기록한 점에서 그 감동의 가치가 빛바래지 않고 지금까지 전해져오고 있습니다.

백범의 소원은 우리의 소원

'나의 소원'에서 그는 말합니다. 첫 번째 소원도, 두 번째 소원도 그리고 세 번째 소원도 우리나라의 독립, 완전한 자주 독립이라고 말입니다. 해방된 조국에서 완전한 하나의 독립국가를 건설하는 것, 그것만이 백범 선생의 순수한 열망이었습니다.

백범 선생은 그 무엇보다도 민족과 국가를 가장 우선시한 인물입니다. 그리하여 자신과 가족을 희생하며 민족과 국가를 위한 삶을 살았습니다. 27년간 대한민국임시정부를 이끌어온 민족독립운동가 백범 선생은 가장 미천하고 무식한 사람들까지도 모두 자신처럼 애국심을 가진 사람이 되기를 바라는 마음에서 백정의 '백' 과 범부의 '범' 자를 따서 자신의 호를 백범이라 했습니다.

백범 선생이 우리나라 독립운동과 통일운동의 상징적 인물로 우뚝 자리매김할 수 있었던 것은 바로 그의 한결같은 나라사랑 덕분입니다. 그리고 그런 백범 선생의 소원은 지금까지도 우리의 소원으로 남아 있습니다.

공부가 애국임을 깨닫게 하는 책

평생을 치열하게 조국의 독립을 위해 투쟁했던 백범 선생의 절절한 나라사랑의 기록을 읽다보면 지금의 대한민국이 얼마나 소중한 나라인지 알게 됩니다. 그리고 바로 지금 이 순간의 나의 삶이 얼마나 소중한 삶인지 알게 됩니다. 그리고 문득 주먹을 불끈 쥐고 결심하게 됩니다. 결코 헛된 삶을 살지 않고 헛된 시간을 보내지 않겠노라고 말입니다. 온몸을 바쳐 조국광복을 위해 노력했던 독립지사 선조들의 노력에 이제는 나 자신이 보답해야 함을 저절로 느끼게 되는 것입니다.

결국 백범일지는 우리에게 백범 선생의 열망에 보답하는 삶을 권유합니다. 그리하여 나의 애국은 공부임을 알게 합니다. 나의 애국은 오늘 할 일에 대한 정성임을 알게 합니다. 나의 삶, 나의 의무에 대한 통찰을 갖게 되는 것입니다.

성적 쑥쑥
백범일지

1. 벽촌의 말썽쟁이 · 8

2. 공부에 뜻을 품다 · 15

3. 동학의 길로 나아가다 · 24

4. 스승님과의 만남 · 33

5. 청나라로 떠난 청년 김구 · 41

6. 일본을 향한 복수 · 50

7. 사형수가 되다 · 58

8. 긴 여행길 · 67

9. 가족의 죽음 · 75

10. 나라를 잃다 · 83

11. 애국지사들의 체포 · 92

12. 또 다시 감옥으로 · 100

13. 옥중 생활의 고통 · 108

14. 이름은 구, 호는 백범 · 116

15. 고향으로 돌아가다 · 122

16. 정부의 문지기에서 국무령까지 · 130

17. 상해에 임시 정부를 세우다 · 136

18. 편지 정책 · 145

19. 이봉창과 윤봉길 의사 · 152

20. 상해를 탈출하다 · 161

21. 광복군의 탄생 · 170

22. 해방이 되다 · 178

23. 아, 나의 조국! · 185

부록 나의 소원 · 194

백범 김구 연보 · 200

1 벽촌의 말썽쟁이

나는 안동 김씨 경순왕의 자손입니다. 우리 조상은 대대로 서울에 살면서 글과 벼슬을 가업으로 삼았어요. 그러다 선조인 김자점이 반역죄를 저질러 우리 조상은 황해도로 거처를 옮기게 되었어요. 해주읍에서 서쪽으로 팔십 리 떨어진 백운방 텃골 팔봉산 아래에서 숨어 살았지요.

우리 조상이 텃골로 들어오던 때는 조선시대 전성기로 양반과 상민의 계급 차별이 엄격하던 시기였어요. 우리 조상들은 가문의 화를 피하기 위해 김자점의 후손임을 숨기고 일부러 상놈 노릇을 하며 살았습니다. 양반의 생활을 접어 두고 땅을 개척하며 생계를 유지하다 보니 완전히 '판에 박힌 상놈'이 되었지요.

우리 아버지는 네 형제 중 둘째로 가난한 형편 때문에 장가도 들지 못한 채 노총각으로 살고 있었대요. 그러다 스물네 살에 삼각혼이라는

혼인 제도로 결혼을 하게 되었어요. 삼각혼이란 세 집안이 가문을 잇기 위해 자녀를 바꾸어 혼인하는 제도에요. 아버지는 그때 문산촌 현풍 곽씨 처녀인 어머니를 만나 결혼을 하게 되었어요.

나는 1876년 7월 11일 할아버지와 큰아버님이 사시는 텃골 웅덩이 큰집에서 태어났어요. 나의 탄생은 참으로 기구했다고 해요. 난산인 탓에 어머니는 일주일간 산통을 겪어야 했어요. 그래도 나는 나오지 않고 어머니의 생명은 점점 위독해졌어요. 친척 사람 모두 어머니에게 매달려 치료부터 미신 처방까지 안 한 것이 없었지만 아무런 효과가 없었어요. 시간이 갈수록 상황은 매우 급박해졌지요.

"안 되겠다! 어서 소갈마를 쓰고 용마루에 올라가거라!"

결국 집안 어른들은 아버지께 소의 등에 얹은 안장을 머리에 쓰고 지붕 용마루에 올라가 소 울음소리를 내라고 했어요. (이것은 지방에서 볼 수 있는 풍습인데 난산인 산모와 고통을 나누기 위한 의식의 일종이에요.) 아버지는 선뜻 내키지 않았지만 할아버지가 호통을 쳐 결국 소 울음소리를 냈어요. 그리고 내가 태어났다고 해요.

우리 집안은 매우 가난했어요. 어머니는 나에게 먹일 젖이 부족해 곡식이나 밤가루를 밥물에 타서 끓인 암죽을 먹였어요. 아버지는 나를 안고 산모에게 젖을 구하러 다녔지요.

다섯 살 때 우리 가족은 강령군 삼가리로 이사해 그곳에서 2년을 살았어요. 우리 집은 적막한 산 입구 호랑이 길목에 있었어요. 밤에는 종

종 호랑이가 사람을 물고 우리 집 문 앞으로 지나갔기 때문에 나는 문 밖을 나갈 수 없었어요. 대신 낮에는 이웃 동네 신풍 이생원 댁에 가서 그 집 아이들과 놀다 왔어요. 그 집에는 나와 동갑인 아이와 두세 살 위인 아이도 있었어요.

"해줏놈 때려 주자!"

하루는 그 집 아이들이 이유 없이 나를 때리기 시작했어요. 화가 난 나는 집으로 돌아와 부엌칼을 찾았어요.

"이 녀석들 가만두지 않을 거야!"

나는 그 집으로 달려갔어요.

'앞문으로 들어가면 아이들이 알아챌지도 몰라.'

나는 칼로 울타리를 뜯어내고 뒷문으로 들어가기로 했어요. 울타리를 뜯고 들어가자 안마당에 있던 처녀가 소리를 질렀어요.

"오빠! 애 좀 봐요! 칼을 들고 있어요!"

나는 결국 그들에게 칼을 빼앗긴 채 실컷 얻어맞았어요. 맞은 것보다 칼을 잃어버린 게 마음에 걸렸어요. 나는 집으로 돌아와 부모님께 말씀드리지 않은 채 시치미를 뚝 뗐어요.

하루는 집에 혼자 있는데 집 앞으로 엿장수가 지나가고 있었어요.

"헌 그릇이나 부러진 숟가락으로 엿 사시오."

나는 엿은 먹고 싶었지만 '엿장수는 아이들의 고추를 베어 간다.'고 어른들에게 들었기 때문에 방문을 걸어 잠그고 엿장수를 불렀어요.

"아저씨! 여기요!"

나는 주먹으로 문에 구멍을 뚫었습니다. 그리고 아버지의 좋은 숟가락을 짓밟아 뚝 분지른 뒤 절반만 문구멍으로 내밀었어요. 그러자 엿장수는 엿을 한 주먹 뭉쳐서 문구멍으로 들이밀었어요. 엿을 맛있게 먹고 있을 즈음 아버지께서 들어오셨어요. 나는 부러진 숟가락을 그대로 가지고 있었어요. 어떻게 된 일이냐는 물음에 나는 사실 그대로 말씀드렸어요.

"또 그런 짓을 하면 크게 혼을 낼 거다!" 하며 아버지는 크게 꾸중하셨어요.

이런 일도 있었어요. 나는 아버지께서 엽전 스무 냥을 방 아랫목 이부자리 속에 넣어 두고 나가시는 것을 보았어요. 혼자 있어 심심했던 나는 그 돈을 가지고 떡을 파는 앞 동네에 살고 있는 구걸이네 집으로 향했어요. 그러다 길거리에서 삼종조부를 만났지요.

"이 녀석! 돈 가지고 어디 가느냐!"

"떡 사 먹으러 갑니다."

"네 아버지가 보면 큰 매 맞는다. 어서 집으로 돌아가거라."

삼종조부는 돈을 빼앗아 아버지께 전달했어요. 먹고 싶은 떡은 먹지도 못하고 나는 불만 가득한 마음으로 집으로 돌아왔어요. 그런데 아버지께서 한마디 말도 없이 빨랫줄로 나를 꽁꽁 묶었어요. 그리고 들보에 매달아 매질을 하기 시작했어요. 어머니도 들에서 안 돌아오셨기 때문

에 말려 줄 사람도 없었어요. 나는 너무 아파서 엉엉 울었어요. 그때 마침 재종조부 장련 할아버지께서 지나가시다 내 비명 소리를 들었어요.

"어린 것을 왜 그리 무지막지하게 때리느냐!"

결국 아버지는 나를 풀어 주었어요. 그리고 할아버지는 매를 빼앗아 아버지를 한참 동안 때리셨어요.

나는 장련 할아버지가 무척 고마웠어요. 그리고 아버지가 매 맞으시는 모습이 시원하고 고소했어요. 할아버지는 수박과 참외를 실컷 사 먹이고는 나를 할아버지 댁으로 데리고 가셨어요. 종증조모 역시 할아버지께 내 얘기를 전해 듣고는 아버님을 책망하셨어요.

"네 아버지가 밉구나. 너희 집에 가지 말고 우리 집에서 살자."

그러면서 밥과 반찬을 맛있게 해 주셨지요. 나는 여러 날을 할아버지 댁에서 지내다 돌아왔어요.

한번은 여름에 장맛비가 와서 근처에 샘이 솟아난 적이 있었어요. 나는 붉은 염색약과 푸른 염색약을 통에서 꺼냈어요. 그리고 이것들을 샘에다 풀어놓았어요. 샘은 붉은빛과 푸른빛을 띠며 서로 만나 섞였어요. 이 장관을 구경하다가 나는 어머니께 또 매를 맞았어요.

내 나이 일곱 살 때 강령군 삼가리로 이사 갔던 친척들이 한 집, 두 집 텃골 고향으로 돌아왔어요. 이때 우리 집도 고향으로 돌아왔어요. 고향으로 간 부모님은 농사를 지으셨어요. 아버지는 겨우 이름 석 자 쓸 줄 아는 정도였지만 건장하고 튼튼했고 성격은 호방하셨어요. 그런

데 아버지는 술만 마시면 양반 강씨와 이씨를 때려 1년에도 여러 번 해주 관아에 구속되었어요.

이렇게 사람을 때리면 맞은 사람을 때린 사람의 집에 눕혀 두고 생사 여부를 기다리는 것이 그 시대 지방의 관습이었어요. 그래서 우리 집에는 한 달에도 몇 번씩 '거의 죽게 된 사람'이나 '피투성이가 된 사람'이 사랑방에 누워 있곤 했어요.

아버지의 이런 버릇은 꼭 술 때문만은 아니었어요. 강한 자가 약한 자를 무시하면 아버지는 참지 못하셨어요. 이 때문에 상놈들은 아버지를 존경했고 양반들은 은근슬쩍 아버지를 피해 다녔어요. 이런 이유로 김순영이라면 양반의 아이와 부녀자들도 함부로 대하지 못했어요. 김순영은 우리 아버지 이름이에요.

아버지는 어렸을 때 별명이 효자였다고 해요. 할머니가 돌아가실 때 왼쪽 넷째 손가락을 칼로 잘라 나오는 피를 할머니 입에 넣어드렸대요. 그래서 할머니는 사흘이나 더 사셨다고 해요. 할머니는 내가 태어난 날 돌아가셨어요.

그리고 내가 아홉 살 때 할아버지가 돌아가셨고 장례를 치렀지요. 그날 넷째인 준영 삼촌은 술에 취해 장례 일을 돌보는 사람들을 마구 때렸어요. 가족들은 준영 삼촌을 집에 가두어 놓고 조용히 장례를 치렀어요. 그리고 가족회의를 열어 삼촌을 앉은뱅이로 만들기로 결정했어요.

"준영의 발뒤꿈치를 자릅시다."

홧김에 그런 결정을 내렸지만 다행히 힘줄이 상하지는 않아 앉은뱅이가 되지는 않았어요. 그러나 삼촌이 매일 울부짖는 바람에 무서워서 나는 삼촌 곁에 가지 못했어요.

　그때 어머니는 내게 이렇게 말씀하셨어요.

　"우리 집에 모든 풍파는 술로 인해 생겨났단다. 너마저 술을 먹는다면 나는 단연코 죽더라도 그 꼴은 안 보겠다."

　나는 어머니의 이 말씀을 마음 깊이 새겼어요.

② 공부에 뜻을 품다

이 당시 나는 한글을 배워 책을 읽을 줄 알았어요. 천자문도 배웠지요. 어느 날 집안 어른들의 이야기를 듣고 나는 충격에 빠졌어요.

"저 집 할아버지가 서울에 가려고 샀던 갓을 밤중에 쓰고 나갔다가 동네 양반들에게 발각돼 찢기고 말았답니다."

나는 화가 났어요. 그리고 어른께 물었지요.

"그 사람들은 어떻게 해서 양반이 되었고 우리 집 사람들은 어떻게 해서 상놈이 되었습니까?"

"침산 강씨 집에는 진사가 세 사람이나 있지 않느냐? 별담 이진사 집도 그렇단다."

"진사는 어떻게 해야 되는지요?"

"학문을 잘 연마해서 큰 선비가 된 뒤 과거를 보면 된다."

나는 이 말을 듣고 글공부를 해야겠다고 마음먹었어요. 그래서 아버지께 서당에 보내 달라고 조르기 시작했지요.

"이 동네에는 서당이 없다. 게다가 다른 동네 서당에서는 상놈은 받아 주지도 않는단다. 받더라도 양반 자제들이 멸시를 할 게 분명하다."

결국 아버지는 가까운 상놈 친구의 아이를 몇 명 모아 서당을 만드셨어요. 수강료는 쌀과 보리였어요. 그리고 청수리 이생원을 선생으로 모셔 왔어요. 그분은 양반이었지만 넉넉하지 못해서 '양반의 선생님'으로 찾는 사람이 없었어요.

선생님이 오시는 날 나는 너무 좋아서 머리도 빗고 새 옷도 입고 마중을 나갔어요. 저 멀리 선생님의 모습이 보였어요.

"창암아, 선생님께 절해라."

아버지 말씀을 듣고 나는 선생님께 공손히 절을 했어요. 선생님은 마치 신선이나 하느님처럼 거룩해 보였어요.

이때 나는 열두 살이었어요. 개학 첫날 나는 '마상봉한식'이라는 다섯 글자를 배웠어요. 뜻을 알든 모르든 상관없었어요. 나는 너무 기뻐서 밤새도록 외우고 또 외웠어요. 새벽 일찍 일어나 누구보다 먼저 선생님 방에 찾아가 글을 배웠어요. 멀리서 오는 친구들은 내가 가르쳐 주기도 했어요.

서당은 석 달 뒤 인근 산동 신존위 사랑으로 옮겼어요. 나는 산 고개를 넘어 집에서 서당까지, 서당에서 집까지 오가며 끊임없이 글을 외웠

어요. 친구들 중에서 나보다 잘하는 아이도 있었지만 시험에서는 늘 내가 일등이었어요.

하지만 신존위 아버지와 선생님 사이가 안 좋아지면서 결국 선생님은 떠나게 되었어요. 선생님이 밥을 많이 먹는다는 게 이유였지만 그건 거짓말이었어요. 자기 손자는 공부를 못하는데 내 실력은 날로 발전하니까 괜히 시기한 것이었어요.

"네가 늘 일등을 했으니 이번에는 일부러 못 외우는 것처럼 모른다고 대답해라."

얼마 전 선생님은 내게 이런 부탁을 한 적이 있었거든요. 나는 선생님의 부탁대로 했어요. 그날은 신존위 아들이 일등을 했다고 닭도 잡고 술상도 차려 배불리 먹었어요.

그런데 어느 날 아침, 선생님은 집에 와서 작별 인사를 하셨어요.

"선생님!"

나는 선생님의 매달려 목 놓아 울었어요. 선생님도 비가 오듯 눈물을 흘렸어요. 작별하고 나서도 나는 밥도 먹지 못하고 울기만 했어요.

그리고 얼마 후 다른 선생님을 모셔 왔어요. 나는 다시 공부에 매달렸어요. 그런데 얼마 안 있어 집안에 큰일이 생기고 말았어요. 아버지가 몸을 움직이지 못하는 전신불수가 되신 거예요. 그때부터 나는 공부도 못하고 아버지 심부름만 했어요. 가난한 살림에 치료까지 받으니 우리 집은 더 가난해졌어요. 다행히 아버지의 상태는 조금씩 좋아지기 시

작했어요. 아버지는 입이 삐뚤어져 발음이 분명하지 못했어요. 한쪽 팔과 다리도 쓰지 못했지요. 나는 반쪽이라도 쓸 수 있다는 사실이 신기하게 느껴졌어요. 돈이 없어 훌륭한 의사를 모셔 오지 못하자 부모님은 길을 떠나기로 결정하셨어요.

"전국을 다니며 훌륭한 의원을 찾아봐야겠다."

결국 부모님은 집과 밥솥까지 다 팔아 버렸어요. 그리고 나를 큰어머니 댁에 맡긴 채 길을 떠나셨어요.

나는 사촌들과 송아지 고삐나 끌며 밭두렁에서 시간을 보냈어요.

'부모님은 어디 계실까? 너무 그립구나.'

나는 부모님이 그리워 견딜 수가 없었어요. 그래서 신천, 안악, 장련으로 혼자 떠돌아다니기도 했어요. 장련에서 부모님을 만났지만 부모님은 재종조의 누이 댁에 나를 다시 맡기고 텃골로 돌아가셨어요. 누이 댁도 농사를 지었기 때문에 나는 그 댁 주인과 같이 구월산으로 나무를 하러 다녔어요.

"쟤 나무하는 것 좀 봐라."

나는 키가 너무 작아서 나뭇짐을 지고 다니면 마치 나뭇짐이 걸어가는 것 같았어요. 그런 모습이 다른 사람들에게는 우스웠겠지만 나에게는 고통이었어요.

그래도 나무를 하는 건 어느 정도 참을 수 있었어요. 내가 참을 수 없었던 것은 동네 큰 서당에서 들려오는 책 읽는 소리였어요. 그 소리를

들을 때마다 내 마음속에는 슬픔이 차올랐어요.

얼마 후 부모님이 장련으로 오셨어요. 나는 고향으로 돌아가 공부를 하겠다고 졸랐어요.

"그래, 가서 열심히 해 보거라."

아버지의 건강은 점점 회복되고 있었어요. 아버지는 나의 열성을 기특하게 생각하셨어요. 그래서 나는 다시 고향으로 돌아올 수 있었어요.

고향에 돌아왔지만 우리 가족에게 남은 것은 하나도 없었어요. 집도, 음식도, 옷도 없었지요. 친척들이 조금씩 모아 겨우 살 곳을 마련했어요. 그리고 나는 서당에 다니게 되었어요. 책은 빌려서 읽었지만 먹과 붓은 구할 수가 없었어요.

"여기 있다. 조심히 잘 써야 한다."

"어머니! 감사합니다."

어머니가 어렵게 일을 해 먹과 붓을 사 주셨고, 나는 벅찬 마음에 잠을 잘 수가 없었어요.

열네 살이 되면서 나는 고민 하나가 생겼어요. 선생님들의 수준을 내가 어느 정도 파악할 수 있었던 거예요. 어떤 선생님은 '벼 열 섬짜리', 어떤 선생님은 '다섯 섬짜리'의 수강료를 받았는데 나는 이것으로 선생님의 학력이 어떠한지 짐작하게 되었어요. 그럴 때마다 아버지는 내게 훈계를 하셨어요.

"큰 글을 하려고 애쓰지 말고 실용적인 학문에 중점을 두고 공부해라."

그래서 나는 '토지문권', '정소장', '제축문' 등을 틈틈이 공부했어요. 못 배운 우리 집안에서 그나마 나는 꽤 똑똑하다는 평가를 받았어요. 하지만 내 한문 실력은 겨우 글자 몇 줄 읽는 정도였어요.

나는 어쨌든 공부를 계속하고 싶었어요.

"가난해서 훌륭한 선생님을 모시지 못하는 게 한이구나."

아버지는 고민하셨어요.

우리 동네에는 정문재라는 분이 살고 있었어요. 그분은 상민이었지만 지방의 유명 선비였고 우리 큰어머니와 재종 남매간이었어요. 정 선생님의 집에 모인 선비들은 시를 짓거나 서당을 열어 아이들을 가르치기도 했어요.

아버지는 정 선생님에게 부탁을 하셨어요. 그래서 나는 수강료 없이 배우는 '면비학동'이 될 수 있었어요. 나는 정말 행복했어요. 매일 험한 고개, 깊은 계곡을 쏜살같이 넘나들었어요. 그 바람에 그곳에 사는 학생들이 일어나지도 않은 이른 시간에 도착하기도 했어요.

내가 열일곱이 되던 해 경과(나라에 경사가 있을 때 임시로 보는 과거 시험)를 실시한다고 발표했어요. 정 선생님은 이 사실을 아버지께 알렸어요.

"이번 과거에 창암이를 데려가고 싶네. 그러려면 종이에 글쓰기 연습을 해야 하는데 두껍고 질이 좋은 장지를 구해 줄 수 있겠는가? 글은 내가 지어 주겠네"

조선 시대의 과거 시험 보는 장면 재현

    선생의 말에 아버지는 무척 기뻐하셨어요. 그리고 장지 다섯 장을 구입해 오셨지요. 나는 기쁘고 감사한 마음에 정성을 다해 연습했어요. 하얀 종이가 검게 변할 때까지 말이에요.

    우리 집은 너무 가난했어요. 그래서 과거 비용을 준비할 수 없었어요. 아버지는 우리 부자가 먹을 좁쌀을 등에 지고 선생님을 따라 해주로 떠났어요.

    시험을 보던 날 나는 과거장으로 향했습니다. 입구에는 선비들이 줄지어 서 있었어요. 그들은 흰 베에 자신들의 접(서당) 이름을 써서 장대 끝에 매달아 두었어요. 그리고 자리를 먼저 잡으려고 힘센 사람을 앞세

워 들어가기 시작했어요. 종이 양산을 들고 도포를 입고 유건을 쓴 선비들이 우왕좌왕 자리를 잡는 모습이 참 볼만했어요. 이런 무질서한 모습은 신분에 상관없이 과거장에서 볼 수 있는 풍습이라고 해요.

또 볼만한 것은 늙은 선비들이 애걸복걸하는 모습이었어요.

"소생은 먼 시골에 살면서 과거 때마다 참석했습니다. 금년 칠십 세이지요. 다음 과거에는 참석하지 못할 것 같습니다. 제발 초시(1차 시험)라도 합격하게 해 주시면 죽어도 여한이 없을 것입니다."

그들은 큰 소리로 외치거나 목 놓아 울기도 했어요. 그 모습이 비굴하기도 하고 가엾기도 했어요. 나는 그 모습을 보고 선생님께 부탁 하나를 드렸어요.

"이번에 제가 아니라 아버님 이름으로 과거 답안지를 작성했으면 합니다. 저는 앞으로 기회가 많으니까요."

"네 글씨보단 내 글씨가 더 나을 것이다. 네 아버님의 답안지는 내가 써 주마. 너는 후일 과거 공부를 더 해서 직접 쓰도록 해라."

내가 이런 부탁을 드릴 수 있었던 것은 글을 짓는 사람과 글씨를 쓰는 사람이 따로 있었기 때문이에요. 시험을 보는 사람이 직접 쓰는 일은 많지 않았어요.

나는 선생님께 감사의 말씀을 드렸어요. 선생님은 글을 짓고 접장(접의 관리자)이 글씨를 썼어요. 그리고 아버지의 이름을 적어 과거 답안지를 냈어요.

과거장을 나와서도 나는 시험에 관한 이런저런 말들을 들었어요. 돈만 많으면 과거도 벼슬도 할 수 있다는 것, 글을 모르는 부자들이 선비의 글을 몇 백 냥, 몇 천 냥씩 주고 사서 급제했다는 것, 서울에 사는 누구에게 편지를 부쳤으니 반드시 합격한다고 자신하는 사람들이 있다는 것 등이었어요.

'과거가 왜 필요하지? 대체 무슨 가치가 있지? 공부란 내 장래를 개척하기 위해 하는 것이잖아. 선비가 되는 유일한 수단인 과거장의 모습이 저렇게 부정하다니 믿을 수가 없어.'

나는 과거에 대한 의문이 생기기 시작했어요. 그리고 마음이 좋지 않았어요.

3 동학의 길로 나아가다

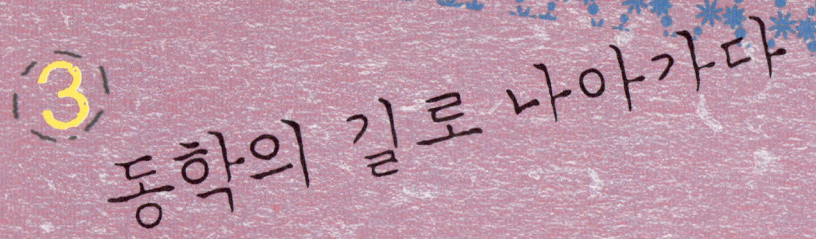

집으로 돌아온 나는 곧장 아버지와 이야기를 나누었어요.

"저는 어떻게든 공부해서 출세하고 싶었어요. 그런데 과거장의 폐해를 보게 된 뒤 공부를 잘해도 돈이 없으면 안 된다는 것을 깨달았습니다. 제가 공부로 그들을 이긴다 해도 돈의 힘을 어찌 이기겠습니까? 집안이 가난하니 앞으로 서당 공부를 그만두겠습니다."

"그렇다면 풍수나 관상을 한번 공부해 보아라. 풍수를 배워 조상을 잘 모시면 자손이 복을 누리게 되고 관상을 잘 보면 착한 사람과 군자를 만날 수 있단다."

다행히 아버지도 내 뜻을 이해해 주셨어요. 그리고 나는 아버지의 말대로 풍수와 관상을 공부하기로 했습니다. 아버지께서 관상학 서적인 《마의상서》를 구해 주셨어요. 나는 내 얼굴을 보며 열심히 공부했어

요. 밖에도 나가지 않고 석 달 동안이나 내 얼굴을 관찰했어요.

'어떻게 좋은 상은 하나도 없고 가난과 천함밖에 없는 걸까?'

나는 내 얼굴을 보고 절망에 빠졌어요. 내 얼굴과 몸에서 좋은 뜻이라곤 하나도 찾을 수 없었어요. 나는 살고 싶지 않았어요. 그러다 ≪상서≫에서 이런 구절을 읽게 되었어요.

"상 좋은 것이 몸 좋은 것만 못 하고 몸 좋은 것이 마음 좋은 것만 못하다."

이 글을 읽고 마음이 더 좋은 사람이 되어야겠다고 다짐했어요. 외모보다 내면을 가꾸는 사람이 되어야겠다고 말이에요.

그때쯤 나라 안에서는 이상한 이야기들이 나돌기 시작했어요. 정 도령이 계룡산에 도읍을 정해 이씨가 세운 조선이 곧 망할 거라는 소문이었어요. 또 이런 이야기도 들려왔어요.

"포동에 사는 오응선과 그 옆 동네에 최유현이 말이야. 갑자기 방에서 사라지기도 하고 공중으로 막 걸어 다닌대."

나는 이 말에 귀가 솔깃해졌어요. 알아보았더니 그들은 충청도에 사는 최도명이란 사람에게 동학을 배우고 있었어요. 나는 그들을 찾아가기로 했어요. 고기를 먹지 않고 목욕을 하고 가야 만날 수 있다는 말에 나는 그대로 행하고 오응선을 찾아갔어요.

"도령은 어디서 오셨나요?"

내가 절을 하니 그도 공손하게 절을 했어요.

"선생이 동학을 하신다는 말을 듣고 저 역시 배우고 싶어 이렇게 찾아왔습니다. 어린아이에게도 말씀해 주실 수 있으신가요?"

"알고 싶어서 여기까지 오셨다는데 당연히 말씀해 드려야지요."

"동학이란 어떤 목적으로 만들어졌나요? 그리고 어떤 선생님이 만드셨나요?"

"동학은 용담 최제우 선생이 천명했습니다. 지금은 그분의 조카 최해월(최시형) 선생이 대도주가 되어 동학을 전파하고 있지요. 동학의 목적은 사악한 인간들을 개과천선시켜 미래의 진실한 주인과 함께 계룡산에 새로운 국가를 건설하는 것입니다."

설명을 듣고 나니 내 마음은 한결 흡족해졌습니다. 특히 하늘님을 모시고 도를 행한다는 말이 가장 마음에 와 닿았어요. 차별 대우를 없앤다는 말도 매우 감동적이었습니다. 상놈 신분인 내게 그것만큼 반가운 말은 없었지요. 새로운 국가를 건설한다는 말도 가슴을 뛰게 했어요.

나는 동학해야겠다고 다짐했어요. 당장 오응선에게 입도 절차를 물어보았지요. 그는 쌀 한 말과 백지 세 묶음, 그리고 누런 초 한 쌍을 가지고 오면 된다고 말해 주었어요. 아버지께도 나의 계획을 말씀드렸어요. 다행히 아버님은 동학 입도를 흔쾌히 허락하셨어요.

나는 곧장 동학에 들어갔고 아버지도 함께하셨습니다. 나는 창암에서 김창수로 이름을 바꾸었어요. 동학엔 양반보다 나 같은 상놈들이 많았어요. 몇 개월 만에 수백 명의 사람들이 동학으로 몰려왔어요.

나에 대한 소문이 빠르게 퍼졌어요. 공중에서 걸어가는 것을 보았다는 등 근거 없는 소문들이 전국으로 확산되고 있었지요. 그 때문에 많은 사람들이 동학을 믿게 되었어요.

나는 동학당 중에서 가장 나이 어린 접주가 되었어요. 동학은 포접제로 운영되었는데 접은 접주를 중심으로 하는 동학의 기초 조직이에요. 사람들은 나를 '아기 접주'라고 불렀어요.

계사년 가을, 충청도 보은에 계신 해월 대도주에게 각자 자기의 연비(포교한 사람)를 보고하라는 명령이 떨어졌어요. 황해도에서 열다섯 명을 선발했는데 그중 나도 뽑히게 되었어요.

우리는 충청도 보은군 장안으로 가서 해월 선생을 만났어요. 선생께 우리의 대표자가 열다섯 명이 각각 만든 명부를 드렸지요.

내가 멀리 있는 보은까지 간 이유는 순전히 선생 때문이었어요. 나는 선생이 혹시 신비한 조화 주머니를 주진 않을까 하는 기대감에 부풀어 있었어요. 또 선생을 만나 보고 싶은 간절한 마음도 있었지요.

선생은 나이가 예순 가까이 되어 보였어요. 수염은 길고 색은 보기 좋은 검은색이었어요. 얼굴은 맑고 야위었지요. 머리에 큰 갓을 쓰고 저고리만 입은 채 앉아서 일을 보셨어요. 그때 선생의 제자가 다급히 보고를 올렸어요.

"남도 지방의 각 관청에서 동학당을 체포하고 있답니다. 고부에서는 전봉준이 벌써 병사를 일으켰습니다."

동학 혁명의 지도자
전봉준 장군

"호랑이가 들어오면 가만히 앉아서 물려 죽을 것이냐! 참나무 몽둥이라도 들고 나가서 싸우자!"

선생이 진노하며 말했습니다. 이 말은 곧 동원령이었어요. 각지에서 대기하던 대접주들은 물밀 듯 밀려 나가기 시작했어요. 선생은 우리 열다섯 명에게도 접주로 임명하는 첩지를 내려 주셨어요. 우리는 선생에게 인사를 드리고 곧장 길을 떠났습니다. 그러던 중 동학군을 만났어요. 그들은 우리가 내민 증명서를 보고 무사히 통과시켰어요.

1894년 9월 우리는 고향으로 돌아왔어요. 황해도에도 양반과 관리

의 수탈이 심해 우리 열다섯 접주는 거사하기로 합의했어요. 나는 팔봉산 아래 살았기 때문에 접명을 팔봉이라 지었어요. 푸른 비단에 '팔봉도소' 네 글자를 크게 적었어요. 표어로 척왜척양(왜와 서양을 물리치자)을 써서 높이 걸었어요.

나의 접에는 총을 가진 군인이 칠백 명이나 있었어요. 최고 회의에서 해주성을 먼저 함락하고 탐관오리와 왜놈을 다 잡아 죽이기로 결정했고, 나를 선봉으로 임명했어요. 나이는 어리지만 나는 병법에 대해 잘 알고 있었어요. 그리고 그들은 다른 접에 비해 팔봉이 우세하다는 것을 알고 있었어요. 하지만 자신들이 죽고 싶지 않다는 것도 나를 임명한 이유 중 하나였지요.

나는 그들의 결정을 허락했어요. 나는 선봉이라는 사령기를 잡은 채 말을 타고 해주성으로 달려갔어요. 총사령부는 나에게 작전 계획을 맡겼어요.

"지금 성 안에는 수성군 이백여 명과 왜병 일곱 명이 있다. 선발대가 남문으로 진격하면 선봉 부대는 최대의 속력으로 서문을 공격해 함락한다. 총사령부는 정황을 보고 아군이 약한 곳을 지원한다."

나의 계획은 받아들여졌고, 선봉대를 이끌고 전군을 지휘하며 서문을 공격했어요. 우리 편 서너 명이 총을 맞고 죽자 총사령부는 퇴각 명령을 내렸어요. 사령부 병사들은 산과 들로 도망쳤어요. 나도 우리 접을 이끌고 안전하게 퇴각했어요.

이번 실패는 정말 분했습니다. 그리고 각 지방에 장교 경력이 있는 자를 모셔와 병사들에게 총 쏘는 법과 행군, 체조 등을 교육시켰어요.

그러던 어느 날 어떤 사람이 면회를 요청했어요. 정덕현과 우종서라는 사람이었어요. 그들은 내게 좋은 방책 다섯 가지를 가르쳐 주겠다고 했어요.

"군기를 정숙하게 할 것. 민심을 얻을 것. 경륜 있는 인사를 구할 것. 전군을 구월산에 모아 훈련시킬 것. 왜놈이 쌓아 둔 쌀을 몰수해 양식으로 쓸 것."

나는 다섯 방책 모두를 시행하기로 했어요. 곧바로 전군을 소집해 정덕현을 모주, 우종서를 종사라 선언했어요. 그리고 두 사람에게 최고의 예를 표하게 했어요.

그러던 어느 날 밤, 안태훈에게 밀사가 왔어요. 안태훈은 문장과 글씨는 물론 지략까지 겸비한 이로 조정 대신들도 크게 대접하는 인물이었어요. 그는 동학을 토벌하기 위해 삼백여 명의 산포수를 모집했어요. 그의 부대는 동학 토벌에 좋은 성적을 거두고 있었어요. 이 때문에 동학의 각 접은 안태훈을 두려워하고 있었어요. 우리 접도 그들을 경계하고 있었지요.

그런데 그가 우리에게 밀사를 보낸 것이었어요.

"당신이 나이는 어리지만 대담한 인품을 지닌 것을 알기에 우리는 토벌하지 않을 것이다. 당신의 부대가 우리를 침범하다 패하게 된다면

그 인재가 너무나 아깝다."

나는 밀사를 읽고 즉시 참모 회의를 열었어요. 그리고 그에게 밀사를 보냈어요.

"나를 치지 않으면 나도 치지 않는다. 어느 한쪽이 불행에 빠지면 서로 돕는다."

이렇게 우리의 밀약은 성립되었어요.

우리는 구엽산 패엽사로 군대를 옮겼어요. 나는 각 동네에 동학당을 빙자하면서 금전을 뺏거나 행패 부리는 자가 있으면 즉각 보고하라는 훈령을 보냈어요.

구월산 주변에는 이동엽이라는 접주가 이끄는 동학군이 큰 세력을 형성하고 있었어요. 간혹 내 부하들 중 몇 명이 촌락으로 내려가 재물을 약탈하다 발각되는 경우가 있었어요. 그들은 형벌을 피해 도망을 가다 이동엽의 부하로 들어갔어요. 또 도적질을 하기 위해 밤에 도망치다가 이동엽의 부하가 되곤 했지요. 그 때문에 내 세력은 점점 줄어들었어요.

최고 회의가 열었고, 그들은 나를 동학 접주에서 내쫓기로 결정했어요. 그 이유는 내 몸을 보호하기 위해서였어요. 그리고 군대를 허곤에게 넘겨주었지요. 이때 나는 열아홉 살이었어요.

어느 날 이동엽의 군대가 우리를 공격해 왔어요. 이동엽은 자신의 부하들에게 이렇게 명령했어요.

"김창수에게 손대는 자는 사형에 처한다!"

그가 나를 좋아해서가 아니라 나를 죽이면 큰 피해를 입을까 두려웠기 때문이었어요. 이동엽은 이용선만 사형에 처하라고 명령했어요.

"이용선은 내 지휘에 따랐을 뿐이다! 이용선에게 죄가 있다면 나의 죄이니 나를 총살하라!"

이동엽을 향해 내가 소리쳤어요. 하지만 그의 부하들은 나를 움직이지 못하게 결박했고, 이용선을 끌고 간 뒤 총살시켰어요. 나는 이용선을 붙들고 통곡했어요. 그리고 그를 정성껏 묻어 주었어요.

그러고 나서 정덕현의 집에서 며칠 머물렀어요. 그다음 몽금포 부근의 동네에서 세 달간 숨어 지냈지요. 그곳에서 이동엽이 사형을 당했고 각 군의 동학군이 거의 소탕되었다는 소문을 들었어요.

4 스승님과의 만남

다음 날 정덕현이 청계동에 사는 안 진사(안태훈)에게 가자고 제안했어요. 나는 조금 고민했어요. 전쟁에서 졌기 때문에 포로 같은 대우를 받을까 걱정이 되었거든요.

"안 진사가 밀사를 보낸 이유는 나이 어린 자네의 담대한 기개를 아꼈기 때문이라네."

정덕현은 다시 한 번 내게 권유했어요.

결국 길을 떠나 정덕현과 함께 천봉산을 넘어 청계동에 도착했어요. 동네 어귀에는 산이 하나 있었는데 산꼭대기에 포대가 설치되어 있었어요. 호위병을 따라 우리는 의려소로 들어갔어요. 문 앞에는 작은 연목과 한 칸의 초가 정자가 있었어요. 이곳에서 안 진사의 여섯 형제가 술을 마시고 시를 지으며 지낸다고 했어요.

안 진사는 우리를 친절하게 대접했어요. 그는 내가 어디서 어떻게 지

내는지 매우 걱정했다고 말했어요.

"오늘 중으로 텃골에 가서 김 석사(김구) 부모님을 모시고 가까이에 집을 잡아 드려라."

안 진사가 오일선에게 총 가진 병사 삼십 명을 주며 명령했어요. 그리고 가까운 곳에 집 한 채를 사 주었어요. 이때 내 나이는 스무 살이었어요.

안 진사는 언제든 사랑에 와서 자신의 동생들과 놀고 친구들과 이야기를 나누거나 책을 읽으라고 당부했어요. 안 진사의 형제는 모두 학식이 풍부하고 인격이 높았어요. 그중에서도 안 진사가 가장 뛰어났지요.

안 진사에게는 세 아들이 있었어요. 그중 맏아들이 안중근이었어요. 중근은 열여섯 살에 상투를 틀고 날마다 사냥을 다녔어요. 사격술도 뛰어나 날아가는 새, 달리는 짐승을 백발백중으로 맞추는 재주가 있었어요. 하루에 노루와 고라니 등을 여러 마리 잡아 와 그것으로 군인들을 위로하기도 했어요.

나는 매일 그 집 사랑에서 놀았어요. 나이가 오십 세는 되어 보이는 노인 한 분도 종종 사랑에 들렀어요. 나이에 비해 기골이 장대하고 의관은 매우 검소했어요. 안 진사는 그분을 지극히 공경했어요.

하루는 안 진사가 나를 그분께 소개했어요. 그분은 고능선이라는 학자였어요. 사람들은 '고산림'이라고 불렀어요. 고 선생의 권유로 나는 선생의 사랑에 놀러 가게 되었어요.

고 선생의 사랑방에는 서적들이 가득 쌓여 있었어요. 벽에는 이름난 선비들이 남긴 좌우명과 고 선생이 감명 받은 글귀 등이 붙여 있었어요.

"자네가 매일 안 진사의 사랑에 다니며 놀지만 내가 보기에 자네의 정신수양에는 별 도움이 없을 듯하네. 그러니 매일 내 사랑에 와서 나와 함께 세상사도 논하고 학문도 토론하는 게 어떻겠나?"

나는 감사한 마음에 어찌해야 할지 몰랐어요.

"선생님이 너그러운 마음으로 저를 받아 주시지만 제게 그런 능력이 있겠습니까?"

고 선생은 미소를 띠며 나를 바라보았어요. 그 미소에서 나를 아끼고 사랑하는 마음을 느낄 수 있었어요.

당시 나의 마음은 매우 절박했습니다. 과거장에서 비관적인 생각을 품었다가 희망을 갖고 관상학을 공부했지요. 하지만 내 관상이 정말 못나서 슬퍼하다 다시 내면이 아름다운 사람이 되기로 결심했어요. 내면을 가꾸는 방법을 몰라 고민하던 차에 동학당에 입도해 새로운 국가를 꿈꾸었지만 그 역시 헛된 일이라는 것을 깨닫게 되었고요.

전쟁에서 패한 장군의 신세가 되어 안 진사의 호의에 생명만은 지키게 되었지만 내 장래를 생각하면 어느 곳에 발을 디뎌야 할지 가슴이 답답했어요. 이런 때에 고 선생의 제안은 정말 감사한 일이었습니다.

'고 선생이 저렇게 나를 사랑하는데 선생의 사랑을 받을 만한 능력

이 나에게 있을까? 선생의 과분한 사랑을 받는다 해도 관상이나 동학과 같이 아무런 효과도 얻지 못한다면 나는 또 타락하게 될지도 몰라.'

나는 고민했어요. 고 선생과 같이 순결한 양반에게까지 피해를 끼치게 될까 봐 두려웠어요. 그러나 느낀 그대로를 말하기로 결심했어요.

"선생님! 저를 살펴 가르쳐 주세요. 저는 불과 스무 살에 인생의 진로에 대해 스스로를 속이고 그르쳐 많은 실패를 경험했습니다. 선생님이 저의 능력과 품성을 보시고 좋은 점이 있다면 사랑도 주시고 교훈도 주십시오. 그렇지 못하다면 선생님의 높으신 덕에 누를 끼치고 말 것입니다. 저는 그렇게 되는 것을 원하지 않습니다."

나도 모르게 눈물이 나왔어요.

"사람이 자기를 알기도 쉽지 않은데 어찌 남을 이해할 수 있겠느냐? 그러니 앞으로 성현을 목표로 천천히 노력하도록 하게. 성현의 지위에 도달한 사람도 있지만 중간에 달아나거나 포기해 짐승만도 못한 자리에 있는 사람도 있다네. 자네가 좋은 사람이 되려는 마음을 가졌다면 실패를 경험했다 하더라도 그 마음 변치 말고 끊임없이 고쳐 나가게. 목적지에 도달하는 날이 반드시 있을 것이네. 실패는 성공의 어머니요, 고민은 즐거움의 뿌리이니 너무 상심 말게. 나 같은 늙은이가 자네 앞길에 보탬이 된다면 그 역시 나에겐 영광이 아니겠나?"

고 선생의 말씀은 내게 큰 위안이 되었어요. 배고픈 아이가 어머니의 젖을 빨아 먹는 것과 같았지요. 나는 고 선생에게 다시 물었어요.

"그러면 앞으로 갈 길에 대한 모든 것을 선생님 보시는 대로 말씀해 주십시오. 마음을 다해 받아들이고 그렇게 행동하겠습니다."

"자네 역량이 있는 데까지 내 모든 역량을 다하겠네. 젊은 사람이 너무 상심하지 말고 매일 나와 같이 노세."

그날부터 나는 밥을 먹지 않아도 배고픈 줄 모를 정도로 행복했어요. 고 선생이 죽으라면 죽을 수 있을 것 같았어요. 나는 매일 고 선생 사랑에 가서 지냈어요. 선생은 위인들을 비평해 주시고 자기가 연구해 깨달은 중요한 이치를 가르쳐 주셨어요.

선생은 주로 의리가 어떤 것인지 말씀하셨어요. 아무리 뛰어난 재주와 능력이 있는 사람이라도 의리에서 벗어나면 재능이 도리어 화근이 된다고 하셨어요. 선생은 내게 보여 주기 위해 책장을 접어 두었다가 펼치곤 했는데 이것만 보아도 선생이 얼마나 나를 열심히 가르치고 있는지 알 수 있었어요. 선생은 책을 차례로 가르쳐 주기보다 내게 부족한 부분을 채워 주는 방식으로 교육하셨어요.

고 선생은 내게 가장 부족한 점을 과단성이라고 보았어요. 아무리 판단을 옳게 해도 일을 딱 잘라서 결정하는 과단성이 없으면 다 쓸데없는 짓이라고 말씀하셨어요.

그렇게 몇 달이 지났습니다. 안 진사의 집에 있으면 간혹 포꾼들이 안 진사가 없는 틈을 타 나를 향해 수군대곤 했어요.

"저 사람은 진사님만 아니었으면 벌써 죽었을 거야. 아직도 접주님

소리 들으면서 사람들에게 대접받은 생각이 날걸."

"그렇고말고. 저자는 우리 같은 포꾼들을 하찮게 볼 거야."

어떤 이는 입을 삐죽대며 이렇게 말하기도 했어요.

"그런 말들 말게! 저 사람이 이 말을 들었다가 나중에 동학이 다시 득세하는 날 복수라도 하면 어쩌려고."

이런 말을 들을 때마다 나는 청계동에서 벗어나고 싶었어요. 하지만 안 진사가 내게 보인 호의를 생각하며 꾹 참았습니다. 안 진사는 포꾼이나 하인들 앞에서 언제나 나를 대우했어요. 자연히 그들의 태도도 공손해졌지요. 안 진사의 동생들도 예전과는 다르게 나를 대했어요. 처음에는 하인들이 내게 무례한 행동을 해도 주의를 주지 않았어요. 하지만 점차 태도가 좋게 변해 갔어요. 동네 사람들도 마찬가지였어요. 고 선생이 나를 친근히 대하자 사람들도 내게 공손한 태도를 보이기 시작했어요.

나는 매일 고 선생 댁에 갔어요. 선생과 밥도 함께 먹고 밤이 깊어질 때까지 나라의 일을 논의했어요.

"만고 천하게 흥해 보지 못한 나라가 없고 망해 보지 못한 나라가 없네. 예전에는 토지와 백성은 제쳐 두고 군주 자리만 빼앗는 것으로 나라의 흥망을 논하였지. 그러나 지금의 망국이란 나라의 토지는 물론이고 백성과 주권까지 모두 강제로 집어삼키는 것이네. 우리나라도 왜놈에게 망하게 되었네. 조정의 대신들은 전부 외세와 합하려는 생각만 가

지고 있다네. '러시아와 친해질까? 아니면 영국이나 미국, 혹은 프랑스, 혹은 일본과 친하게 지내서 내 지위를 지켜볼까?' 전부 이런 생각들뿐이라네. 나라는 망하는데 국내 최고의 학자들도 한탄만 하고 혀만 차고 있을 뿐, 어떤 계획도 보이지 않으니 큰 유감일세. 나라가 망하는데도 신성하게 망하는 것과 더럽게 망하는 것이 있는데 우리나라는 더럽게 망하게 되겠네."

"그럼 어찌해야 합니까?"

깜짝 놀라 물었습니다.

"일반 백성들이 의를 가지고 끝까지 싸우다가 함께 죽는 것은 신성하게 망하는 것이요, 일반 백성과 신하가 적에게 아부하다 그 꾀에 빠져 항복하는 것은 더럽게 망하는 것일세. 지금 왜놈들은 온 나라에 차고 넘쳐 대궐 안까지 침입해 있네. 우리나라를 제2의 왜국으로 만들려는 것이 아니겠는가? 자네나 나나 죽음으로 충성하는 일만 남아 있네."

선생의 표정은 슬픔에 빠져 있었어요. 나도 눈물이 흘렀어요.

"그런데 망하지 않게 하는 방법은 없습니까?"

"자네 말이 옳네. 망할 나라라도 망하지 않게 힘써 보는 것이 백성의 의무지. 지금 조정 대신과 같이 무조건 외세와 손잡지 말고 청국과 서로 연합할 필요가 있다네. 작년에 청일전쟁에서 패했으니 청나라도 일본에 복수하려는 마음이 있을 것이네. 좋은 인재가 청나라에 가서 그들과 한목소리로 앞으로의 일을 대처하려는 마음이 필요한데 자네가 한

번 가 보겠나?"

"저처럼 무식하고 어린 것이 간들 무슨 효과를 얻겠습니까?"

나를 깜짝 놀라 되물었어요. 하지만 선생은 희미하게 웃으시며 이렇게 말씀하셨어요.

"자네 혼자 가면 그렇겠지. 하지만 이런 생각을 하는 동지들이 많으면 다양한 방면에서 활동할 수 있지 않겠나? 지금은 누가 그런 뜻을 가진 사람인지 알 수 없으니 자네 한 사람이라도 그렇게 하는 것이 좋겠다 싶으면 그대로 실행해 보는 것이지."

나는 흔쾌히 약속했어요.

"마음이 항상 울적하니 먼 곳으로 바람도 쏘일 겸 떠나겠습니다."

고 선생은 매우 만족해하셨어요.

"자네가 떠나면 부모님이 외롭고 쓸쓸할 테니 자네 아버님과 함께 우리 사랑에 모여 이야기나 하고 놀겠네."

나는 고 선생의 말씀을 마음에 새기며 청나라로 떠날 준비를 했어요.

5 청나라로 떠난 청년 김구

　나는 말 한 필을 내다 팔아 이백 냥의 여행 경비를 준비했습니다. 그리고 김형진이라는 사람과 청나라로 출발했어요. 김형진은 참빗을 파는 상인이었어요. 나이는 여덟에서 아홉 정도 나보다 많았는데 학식은 높지 않았지만 나라에 대한 불평이 많아 무슨 일이든 해 보겠다는 결심이 굳은 사람이었어요. 그와 이야기를 나눈 고 선생은 우두머리가 될 인물은 못 되지만 다른 사람을 도와 일을 성사시킬 만한 능력은 있어 보인다고 하셨어요.

　우리는 평양까지 무사히 도착했어요. 나도 참빗 장수 행세를 하기로 하고 몇 가지 물품을 사서 짐을 나눠 가졌어요. 그리고 우리는 함흥 감영에 도착했습니다.

　함경도의 교육 제도는 평안도와 황해도보다 발달해 있었어요. 아무리 가난하더라도 서재는 기와집으로 지었고 도청도 크고 화려하게 지

었어요. 어떤 큰 동네의 서재를 방문했는데 건물이 크고 웅장했어요. 교사는 세 사람으로 고등학교 교사 한 사람은 경서반을, 그다음은 중등과를, 그다음은 유치반을 분담해 가르치고 있었어요. 대청 좌우에 북과 징을 매달았는데 북을 치면 학생들이 독서를 시작하고, 징을 치면 독서를 끝내는 방법으로 수업이 이루어졌어요.

우리는 함흥에 도착해 조선에서 제일 큰 나무다리인 남대천 다리를 지났어요. 다리를 건너니 조선의 4대 큰 물선 중 하나인 상승 네 개가 길가에 마주보고 서 있었어요. 조선의 4대 물건은 경주의 성덕대왕 신종과 은진 관촉사의 석조미륵보살입상, 연산의 쇠솥 그리고 함흥의 장승이에요. 우리는 이성계가 세웠다는 함흥의 낙민루도 구경했어요.

우리가 단천 마운령을 넘어 갑산군에 도착했을 때가 1895년 7월경이었어요. 이상한 점은 집들의 지붕에 푸른 풀이 무성하게 자라고 있다는 것이었어요. 마치 사람이 살지 않는 황폐한 마을 같았어요. 나중에야 그것이 '봇껍질'이라는 것을 알았어요. 봇껍질로 지붕을 덮고 흙을 쌓아 두면 풀씨가 날아와서 흙에 떨어져 무성하게 자라는 것이었어요. 그렇게 해 놓으면 큰비가 와도 흙이 씻겨 나가지 않는다고 해요.

그다음 우리는 조선 산맥의 큰 줄기를 이루는 제천당을 구경했어요. 해마다 조정에서는 제천당에 관리를 보내 백두산 신령에게 제사를 올렸어요. 혜산진에서는 압록강 건너편의 중국 민가가 보였어요. 거기서 개 짖는 소리까지 들렸어요. 백두산으로 가기 위해선 서대령을 넘어야

했어요. 우리는 삼수군으로, 장진군으로, 후창군으로 가다가 자성군 중강을 건너 중국 땅인 모아산에 도착했어요.

우리가 지나온 길은 모두 험난했어요. 칠십에서 팔십 리나 사람이 살지 않는 곳도 있었어요. 산길이 매우 험했지만 다행히 맹수는 없었어요. 삼림이 빽빽해 앞을 분간하기가 어려웠지요. 산꼭대기의 노목이 쓰러져 건너편 산꼭대기에 걸쳐 있을 땐 그 나무를 타고 건너가기도 했어요. 마치 신선이 다니는 길 같았어요.

그 지방의 인심은 매우 좋았어요. 먹을 것도 풍부해서 손님이 오면 반갑게 맞아주었어요. 주식은 대개가 귀리와 감자였어요. 개울에는 '이면수'라는 물고기가 많이 있었는데 맛이 정말 좋았어요. 사람들은 짐승 가죽으로 의복을 만들어 입었어요. 마치 원시 시대 그대로 생활하는 것 같았어요.

우리는 다시 길을 떠났어요. 모아산에서 서북쪽으로 노인치라는 고개를 넘고 또 넘었어요. 서대령으로 가는 길에 접어들 때쯤 우리 동포를 두어 사람 만나게 되었어요. 대부분 금을 캐는 사람들이었는데 만나는 사람마다 백두산에는 가지 말라고 우리를 말렸어요. 서대령을 넘는 길에 향마적이라는 중국인 도적 떼가 출몰한다는 것이었어요. 그들은 사람들을 총으로 쏴 죽이고 소지품을 빼앗아 가는데 우리 동포들이 많이 죽었다고 했어요.

우리 두 사람은 상의 끝에 백두산은 포기하고 대신 통화현성으로 갔

어요. 통화현성은 세워진 지 오래 되지 않아서 관사와 성루문의 서까래가 아직도 흰빛을 띠고 있었어요. 성 안팎에는 오백여 호 정도의 집이 있었어요. 우리 동포의 집은 딱 하나뿐이었어요. 남자 주인은 변발에 중국 복장으로 통화현 군대에서 복무하고 있었어요. 그는 호통사로 불렸어요. 이곳에서 가장 미움을 받는 사람은 바로 만주어를 통역하는 호통사들이었어요.

우리 동포들은 청일선쟁을 피해 낯선 이곳으로 넘어왔어요. 중국인들이 살지 않는 험한 산속에서 화전을 일구고 조와 강냉이 농사를 지으며 살았지요. 그런데 중국어를 배운 호통사들은 우리 동포들을 못살게 굴었어요. 돈과 곡식을 억지로 빼앗는 등 온갖 악행을 일삼았어요. 내가 돌아다닌 곳 어디서나 호통사가 한 나쁜 일들을 들을 수 있었어요.

그리고 우연히 벽동에 사는 김이언이란 사람에 대해 듣게 되었어요. 용기도 있고 학식도 뛰어난 그가 지금 청나라의 도움을 받아 의병을 일으키려고 준비 중이라는 것이었어요. 나는 그를 찾아가 보기로 결정했어요. 겨우 수소문해서 김이언의 비밀 주소를 알아냈어요. 강계군 서문인 인풍루에서 팔십 리를 더 가서 압록강을 건너면 황성이라는 곳이 있어요. 거기서 십여 리 정도 더 가면 삼도구라는 곳이 있는데 거기가 바로 김이언의 비밀 주소지였어요.

김이언을 찾아갈 때 우리는 서로 모르는 사람인 것처럼 따로 가기로 합의했어요. 김이언이 어떤 사람인지 각자 알아보고 그가 정말로 의병

을 일으킬 마음이 있는지, 어떤 방법으로 백성들을 꾀려는 것인지 각자 자세히 관찰하기로 한 것이지요. 김형진은 유람객 행색을 하고 먼저 출발했어요. 나는 김이언과 그를 따르는 사람들에 대해 탐색하기로 했어요. 참빗 장수로 변장을 하고 나흘 뒤 남쪽으로 향했어요.

길을 가던 중 나는 청나라 무관 한 사람을 만나게 되었어요. 그는 만주족 청나라의 군인 모자를 쓰고 있었어요. 나는 청나라의 말을 알지 못했기 때문에 항상 품 안에 '취지서' 한 장을 써서 간직하고 다녔어요. 어쩌다 청나라 사람을 만나면 그 취지서를 보여 주곤 했는데 청나라 무관에게도 그것을 보여 주었어요. 그런데 그 무관은 글을 다 읽기도 전에 갑자기 길바닥에 주저앉아 크게 울기 시작했어요. 나는 놀라서 이유를 물었어요. 그는 글 가운데 '저 왜적은 나와 함께 같은 세상을 살 수 없는 원수다.'라는 구절을 가리켰어요. 그리고 나를 붙들고 통곡했어요. 그제야 나는 필통을 꺼내 그와 글로 이야기를 나누기 시작했어요. 먼저 그가 물었어요.

"일본이 왜 당신의 원수인가?"

"일본은 임진년부터 대대로 내려오는 국가의 원수이다. 지난달에는 우리의 국모를 불살라 죽였다."

이번엔 그에게 내가 물었어요.

"그대는 처음 보는 나를 붙들고 왜 그렇게 울었는가?"

"나는 청일전쟁 때 전사한 서옥생의 아들이오. 강계 관찰사에게 부

탁해 아버지의 시체를 찾아달라고 부탁했는데 시체를 찾았으니 운구하라는 전갈을 받았소. 그런데 가서 보니 아버지의 시체가 아니었소. 그래서 이렇게 빈손으로 돌아가는 길이오."

자기의 아버지는 병사 천오백 명 중에 천 명을 데리고 전쟁에 출전했다고 했어요. 그들 모두 전멸했고 현재 자기 집에는 군인 500명이 남아 있다고 그는 말했어요. 그는 내가 자기보다 어리니 '디디(아우)'라 부를 테니 자신을 '거거(형)'라고 부르라고 했어요. 그리고 그는 복수할 때까지 자기 집에 가서 같이 지내자고 말했지요. 곰곰이 생각했어요. 그의 뜻을 보면 교제할 좋은 기회였으나 먼저 떠난 김형진에게 이 사실을 알릴 방법이 없었어요. 또 김이언의 의병에 대해 자세히 알고 싶었어요. 나는 그에게 고국으로 돌아가 부모님의 승낙을 받아 오겠다고 말했어요. 서 씨는 대단히 아쉬워했지만 헤어져야 했지요.

약 6일 후 나는 삼도구에 도착했어요. 참빗 장수 행세를 하면서 김이언의 동정과 그 부하들에 대해 알아보았어요. 김이언은 의병 운동의 수령이 되어 당시 많은 의병을 모집했고, 그 수가 대략 삼백 명이나 되었지요. 의병을 일으킨 명분은 '국모가 왜구에게 피살된 것은 국민 전체의 치욕이니 가만히 앉아서 참고 있을 수 없다.'는 것이었어요. 김이언의 동지 김규현이 격문을 지어 뿌렸어요. 우리 두 사람도 참가했어요. 나는 몰래 강계성에 들어가서 화약을 구입해 압록강을 건너기도 했고 포수를 모집하기도 했어요.

거사는 을미년 11월 초에 이루어졌어요. 나는 김이언에게 강계로 들어갈 방법을 물었습니다. 그는 강계 병영에 있는 장교들과 이미 내통했으니 문제될 것이 없다고 했어요.

"그 장교들이 순수한 애국심으로 내통한 것입니까? 아니면 다른 이유가 있습니까?"

그러자 김이언은 이렇게 대답했어요.

"내가 심양에 가서 인명 어르신이 하사한 말까지 받은 일을 이 장교들이 알고 있소. 청나라 군사들의 응원만 받아 오면 그들이 다 같이 행동해 주겠다고 굳게 약속했소. 그렇기 때문에 성에 들어가는 것은 매우 쉬운 일이오."

나는 또 물었어요.

"그러면 이번에 청나라 군사들을 조금이라도 이용할 것입니까?"

"이번에는 안 되지만 우리가 거사에 성공하고 강계를 점령하면 원병이 온다고 하였소."

나는 다시 내 의견을 말했어요.

"포수 중에 청나라 말을 잘하는 사람이 많으니 그중 몇십 명에게 청병 장관의 옷을 입혀 청나라 장교나 대장으로 꾸밉시다. 그리고 나머지는 한복을 입혀 후방에 따르게 합시다. 선두에는 심양 자사로부터 하사받은 청나라 말을 타게 하고 청나라 장교로 꾸민 군인에게는 긴 칼을 차게 해서 선두에 입성하게 하면 좋을 것입니다. 이렇게 하는 이유는

강계성 장교들이 우리와 내통한다는 사실을 믿기 어렵기 때문입니다."

그러나 김이언은 고산진을 쳐서 무기를 빼낸 뒤 그 무기로 강계를 공격한다는 계획을 세웠어요. 그러나 나는 그것은 불가능하다고 주장했어요.

"지금 우리에게 삼백여 명의 포수가 있습니다. 이 병력만 가지고 돌격해도 충분히 성을 점령할 수 있습니다."

김규형과 경성 사람인 백진사 등은 모두 내 의견에 찬성했어요. 그러나 독단적 성격을 가진 김이언은 두 가지 이유를 대며 반대했어요.

"청군 복장과 청군 장교로 변장하는 것은 옳지 않은 일이오. 우리가 당당하게 국모를 주인 원수를 갚기로 한 이상 당연히 백의 군인으로 쳐들어가야 하오. 또 아직 무기가 부족하니 먼저 고산진을 쳐서 무기를 탈취해 다음 날 강계를 점령하는 것이 옳소."

우리 두 사람은 김이언의 고집대로 따라가 보기로 했어요.

1차로 야간에 고산진을 침입해 무기를 탈취한 뒤 다음 날 강계로 진군했어요. 강계대 소속 장교 몇몇이 우리를 맞이하러 나왔어요.

"오는 중에 청나라 병사가 있었는가?"

김이언은 대답했어요.

"우선 강계를 점령하면 곧 청병이 올 것이오."

장교들은 고개를 설레설레 저으며 들어갔어요. 그들이 들어가자마자 숲에서 포성이 울리고 탄환이 비처럼 쏟아지기 시작했어요. 좌우의 산

골짜기에서 약 천여 명의 사람과 말들이 물밀 듯이 밀려 나가고 들어왔어요. 총알에 맞아 죽는 자, 다쳐서 아우성치는 자들이 생겨났어요.

"김이언의 실패는 영원한 실패라 다시 사람들을 모으지 못할 것이오. 그러니 저들과 같이 퇴각할 필요가 없소. 이런 행색으로는 잡히기 쉬울 것이니 강계성 부근에서 몸을 피했다가 고향으로 돌아갑시다."

우리는 가까운 촌락으로 들어갔어요. 집들은 모두 비어 있었어요. 우리는 한 집에 들어가 화덕 옆에 앉아 손발을 녹였어요.

다음 날 아침 일찍 우리는 강계를 떠났어요. 그리고 수일 만에 신천에 도착했어요.

6 일본을 향한 복수

청계동으로 가는 길에 고 선생 집에 콜레라가 들어 맏아들과 맏며느리인 원명 부부가 죽었다는 소식을 들었어요. 곧장 고 선생 댁으로 가 선생을 위로했어요. 고 선생은 태연해 보였지만 나는 원통하고 가슴이 답답해 아무 말도 할 수 없었어요. 그때 선생이 내게 말했어요.

"곧 혼례를 하기로 하세."

나는 영문을 몰라 그냥 듣기만 하고 집으로 돌아와 부모님께 물었어요. 그러자 부모님은 내가 떠난 뒤에 고 선생의 손녀와 약혼이 되었다고 말씀하셨어요. 나는 무거운 책임감을 느끼게 되었어요. 하지만 신부 될 이가 성품도 뛰어나고 가정 교육도 잘 받은 점을 생각하면 한편으로 만족스러운 마음도 들었어요. 나는 기쁜 마음으로 약혼을 받아들이기로 했어요. 원명 부부의 장례도 도와주었어요. 나는 고 선생에게 압록

강과 두만강 건너편 토지의 비옥함, 서옥생의 아들과 결의한 일, 김이언의 의병에 동참했다가 실패한 일 등 청나라에서 겪은 일들을 모두 말씀드렸어요.

마침 단발령이 내린 때였어요. 군대와 경찰은 대부분 머리를 깎았고 문관과 각 군의 면장까지 단발을 실시하던 중이었어요. 나는 이 문제를 고 선생과 상의하고 안 진사와는 의병 일으킬 문제를 논의했어요.

그러나 안 진사는 무턱대고 의병을 일으켰다가는 실패할 수 있으니 그 점은 생각하지 않겠다고 말했어요. 지금은 천주교를 믿다가 나중에 기회를 보겠다는 것이었어요. 또 지금 당장 머리를 깎아야 한다면 깎을 의향도 있다고 덧붙였어요. 그 말을 들은 고 선생은 안 진사와 절교하겠다고 선언했어요.

우리나라에서 일어나는 동학을 토벌하고 서양 오랑캐가 하는 서학을 하겠다는 안 진사의 말이 이해되지 않았어요. 의리 있는 선비라면 '목은 자를지언정 머리카락은 자를 수 없다.'고 생각할 때였어요. 그런데 안 진사가 단발을 하겠다는 것은 그에게 의리가 없다는 말이 아니고 무엇이겠어요?

나는 빨리 결혼을 하고 청계동을 떠나기로 결정했어요. 하지만 안 좋은 일이 생기고 말았어요. 고 선생이 근심한 표정으로 나를 찾아온 것이었어요.

"자네가 어렸을 때 누구 집과 약혼을 했다가 자네가 원하지 않아 파

혼한 것을 그 집 사람이 문제 삼고 찾아왔다네. 이 일을 어찌해야 하겠나?"

"제가 선생님을 믿고 따르는 데는 변함이 없습니다. 그러니 혼인을 하든 안 하든 무슨 상관이 있겠습니까? 혼사는 서로 단념하고 의리로만 선생님을 받들겠습니다."

"그러면 혼사는 없었던 일로 치세. 그러나 이제 관리들이 단발을 하고 나면 평민들에게도 실시하려고 할 것이네. 자네는 시급히 달아나 단발의 화를 피하도록 하게. 나는 머리를 깎이면 죽기로 작정을 했네."

나는 괜찮은 듯 말했지만 사실 매우 섭섭했어요. 선생도 눈물을 흘리며 탄식했어요.

내가 다섯 살 때쯤 아버님은 함경도 사람 김치경의 딸과 농담으로 혼사를 정했어요. 김치경은 흔쾌히 승낙했어요. 하지만 훗날 나는 장가를 가지 않겠다고 말했고 부모님도 단념하셨어요. 김치경도 받아들인 일이었어요. 그런데 내가 고 선생 댁과 혼인한다고 하니 김치경은 돈을 뜯어낼 생각으로 내 혼사를 방해했던 것입니다.

서운한 마음을 접고 나는 청나라 금주의 서옥생 집으로 가기로 결정했어요. 평양에 도착하니 관찰사 밑으로 모두 단발을 하고 길목을 막은 채 지나가는 행인을 붙들고 머리를 깎고 있었어요. 단발령을 피하기 위해 시골이나 산골로 숨는 백성들을 보며 머리끝까지 분노를 느꼈어요.

1896년 2월 하순, 용강군에서 안악군 치하포로 배를 타고 건너갔어요. 강 위에 빙산이 떠다니는 바람에 배에 탄 열여섯 명의 사람들은 빙산에 갇히고 말았어요. 나는 힘을 합해 빙산을 밀어내자고 제의했어요. 사람들은 모두 찬성했어요. 내가 빙산에 올라가 작은 빙산을 힘껏 밀어냈어요. 다행히 그곳에서 빠져나올 수 있었어요. 치하포에 도착하자마자 나는 여관에 들어갔어요. 세 칸 여관방에 손님들이 가득했어요.

　조금 있다가 아침 식사가 시작되었어요. 가운데 방에 단발을 하고 한복을 입은 한 사람이 같이 앉은 나그네와 인사를 나누고 있었어요. 성은 정이고 장연에 산다고 했는데 말투는 장연 말이 아니고 경성 말이었어요. 내가 보기에 그는 분명 왜놈이었어요. 자세히 살펴보니 흰 두루마기 밑으로 칼집이 보였어요. 그는 전남포로 간다고 했어요.

　'이곳은 전남포 맞은편 기슭이기 때문에 왜인들이 자신들의 원래 복장으로 다니는 곳이다. 저놈이 장사꾼이나 기술자라면 굳이 조선 사람으로 위장하지 않아도 되었을 것이다. 그렇다면 혹시 저저가 우리 국모를 시해한 미우라가 아닐까? 경성에서 일어난 분란 때문에 도망쳐 숨으려는 것은 아닐까? 만일 미우라가 아니더라도 미우라와 공범일 것 같다. 칼을 차고 숨어 다니는 일본인이 우리 민족에게 독버섯인 것은 명백한 사실이다. 내가 저놈 한 명을 죽여서라도 국가의 치욕을 씻어 보이리라.'

　방 안에는 약 마흔 명 정도의 손님이 있었어요. 그중 왜놈의 패거리

가 몇 명 정도 섞여 있는지 알 수 없었어요.

'나는 혼자이고 빈손이 아닌가? 섣불리 손을 썼다가 내 목숨만 잃는 것은 아닐까? 그렇게 되면 내 의지와 목적은 세상에 드러내지도 못하고 죽게 될 것이다. 또 내가 빈손으로 한 번에 저놈을 죽일 수는 없다. 방 안에 있는 사람들이 만류하면 그 틈을 타 저놈의 칼이 내 몸에 들어오고 말 것이다. 그러니 이것은 불가능한 일이다.'

이런 생각을 하니 가슴이 울렁거렸어요. 그때 한 가닥 광선이 가슴속에 비치는 듯 했어요. 고 선생이 가르쳐 주신 교훈이었어요.

"가지를 잡고 나무를 오르는 것은 기이한 일이 아니나 벼랑에 매달려 잡은 손을 놓는 것은 가히 장부다운 일이다."

나는 오랜 생각 끝에 죽을 작정을 하고 일을 실행하기로 마음먹었어요. 나는 주인을 불렀어요. 오랜 산길을 가야 하니 아침밥 일주일분만 더 차려 달라고 부탁했어요. 주인은 내가 미쳤다고 생각하는 것 같았어요. 나는 방 한쪽에 누워 왜놈의 동정을 살폈어요. 청년들은 주인처럼 내가 미쳤다고 생각했고 노인들은 그러지 말라며 청년들을 나무랐어요.

왜놈은 식사를 마쳤고 밥값을 계산하는 것을 지켜보고 있었어요. 나는 몸을 일으켜 왜놈을 발로 걷어차 계단 밑으로 떨어뜨렸어요. 그리고 쫓아 내려가서 놈의 목을 힘껏 밟았어요. 방문 네 짝이 열리면서 사람들이 튀어나왔어요. 나는 사람들을 향해 외쳤어요.

"누구든지 이 왜놈을 위해 내게 달려드는 자는 모두 죽이고 말겠다."

말이 끝나기도 전에 왜놈이 칼을 들고 달려들었어요. 나는 칼을 피하면서 왜놈의 옆구리를 차서 쓰러뜨렸고, 칼을 잡고 있는 손목을 힘껏 밟았어요. 칼이 저절로 땅바닥으로 떨어졌어요. 나는 왜놈의 머리부터 발끝까지 난도질했어요. 2월이라 마당은 빙판이었는데 피가 넘쳐 마당으로 흘러내렸어요. 나는 손으로 왜놈의 피를 움켜 마시고 그 피를 얼굴에 바른 뒤 피가 떨어지는 칼을 들고 방 안으로 들어가 호통쳤어요.

"아까 왜놈을 위해 내게 달려들려고 하던 놈이 누구냐?"

미처 도망가지 못한 자들은 모두 엎드려 빌기 바빴어요.

"장군님, 살려 주십시오. 나는 그놈이 왜놈인 줄 몰랐어요. 그냥 싸움꾼으로만 알고 말리러 나갔던 것입니다."

그때 여관 주인 이화보가 들어왔어요. 그는 방 안으로 들어오지도 못하고 방 바깥에 엎드려서 빌었어요.

"소인이 장군님을 멸시했으니 그 죄 죽어도 여한은 없습니다. 그러나 저 왜놈에게는 밥 팔아먹은 죄밖에 없습니다. 아까 장군님을 능욕했으니 죽어도 마땅합니다."

나는 벌벌 떠는 사람들에게 일어나 앉으라고 말했어요. 그리고 주인 이화보에게 물었습니다.

"그놈이 왜놈인 것은 어떻게 알았느냐?"

"전남포로 가는 왜인들이 제 집에서 종종 자고 갑니다. 그러나 한복을 입고 오는 왜인은 오늘 처음 봅니다."

"이 왜인은 조선말도 능한데, 어찌 왜인인 줄 알았느냐?"

나는 다시 물었어요.

"몇 시간 전에 황주로부터 배 한 척이 들어왔는데 뱃사람들의 말이 일본 영감 한 분을 태워 왔다고 하기에 알았습니다."

"그 목선이 아직 포구에 머물러 있느냐?"

"그렇습니다."

나는 그 뱃사람을 데려오라고 했어요. 나는 얼굴을 씻고 밥을 먹었어요. 하지만 두어 그릇을 먹다가 숟갈을 집어던지고 혼잣말로 중얼거렸어요.

"오늘은 먹고 싶던 원수의 피를 많이 먹었더니 밥이 들어가지를 않는다."

식사를 마치자 뱃사람 일곱 명이 문 앞에 엎드려 있었어요. 나는 뱃사람들에게 죽은 왜놈의 소지품 전부를 가지고 오라고 했어요. 죽은 왜인은 '스치다'라는 육군 중위였어요. 가진 돈은 엽전 팔백 냥 남짓 되었어요. 그 돈으로 뱃삯을 지불하고 이화보를 시켜 동장을 불러오라고 했는데 이화보는 자기가 동장이라고 했어요. 나는 동네의 가난한 집에 그 나머지 돈을 모두 나눠 주라고 명령했어요. 그가 이렇게 물었어요.

"왜놈의 시체는 어떻게 할까요?"

"왜놈들은 우리 조선의 사람뿐 아니라 모든 생물들의 원수다. 바다 속에 던져서 물고기와 자라들까지 즐겁게 뜯어먹게 하라."

그다음 나는 몇 줄의 포고문을 썼어요. 먼저 왜놈을 죽인 이유를 '국모의 복수를 목적으로 이 왜인을 죽인다.'고 밝혔어요. 그리고 마지막 줄에 '해주 백운방 텃골 김창수'라고 썼어요. 나는 이 포고문을 사람들이 지나다니는 길거리 벽에 붙였어요.

"네가 이 동네 동장이니 안악 군수에게 이 사건을 보고하라. 나는 집에서 연락을 기다리겠다. 기념으로 왜놈의 칼은 내가 가지고 가겠다."

나는 두루마기를 입고 허리에 칼을 찼어요. 동네 사람 수백 명이 나를 쳐다보았어요. 겉으로는 태연했으나 사실 매우 불안했어요. 고개를 넘은 후 빠른 걸음으로 신천읍에 도착했어요. 시장 여기저기서 치하포 이야기가 들려왔어요.

나는 신천에 사는 동학당 친구 유해순을 찾아갔어요. 그리고 그에게 지난 일을 대강 말해 주었어요. 그는 크게 놀랐지만 과연 남자다운 행동이라고 칭찬해 주었어요. 대신 집으로 가지 말고 다른 곳으로 피신하라고 권유했어요. 하지만 나는 밝고 떳떳해야 한다는 생각에 집으로 돌아왔어요. 이야기를 들은 아버님도 피신하라고 말했어요. 하지만 나는 국가의 수치를 씻기 위해 한 행동이니 정정당당하게 대처하겠다고 말씀드렸습니다.

7 사형수가 되다

그해 5월 11일 내무부에서 체포장이 내려왔어요. 순검과 사령 서른여 명이 내 몸을 쇠사슬로 꽁꽁 묶어 해주로 압송했어요. 그리고 이틀 만에 해주 감옥에 들어갔어요. 옥에 갇힌 후 한 달이 지나서야 신문을 시작했어요. 나무 널판으로 만든 형틀을 목에 걸고 선화당 뜰에 들어가자 감리 민영철이 물었어요.

"네가 안악 치하포에서 일본 사람을 살해하고 도적질을 했다는데 사실이냐?"

"그런 일 없소."

내가 당당하게 대답하자 민영철은 형을 집행하라고 명령했어요. 사령들이 내 발과 무릎을 묶고 다리 사이에 붉은 몽둥이 두 개를 끼워 넣었어요. 몽둥이를 좌우로 힘껏 누르니 뼈가 하얗게 드러났어요. 지금 내 왼쪽 다리에 있는 큰 상처는 이때 생긴 것이에요.

나는 입을 꾹 다물고 아무 말도 하지 않다가 결국 기절하고 말았어요. 사령들이 내게 찬물을 끼얹었고, 다시 감옥에 갇혔어요.

두 달 후 감리영에서 온 네다섯 명의 순검이 나를 데려갔어요. 아버님은 우선 고향으로 내려가시고 어머님은 나를 따라 인천으로 동행하셨어요. 나진포로 향하는 도중 길가 무덤 곁에서 잠시 쉬게 되었어요. 무덤 비문을 보니 '효자 이창매의 묘'라 새겨져 있었어요.

이창매는 아버지의 장례 후에 일 년 내내 비바람을 맞으며 산소를 모셨다고 해요. 얼마나 극진하게 모셨는지 묘 앞의 신발 벗은 자리, 무릎을 꿇었던 자리, 향로와 향합을 놓았던 자리에 영영 풀이 나지 않았다고 합니다.

나는 피눈물을 흘리며 이창매에게 죄를 빌었어요. 이창매는 부모가 죽은 후에까지 저렇게 효도한 자취를 남겼는데 그 부모가 살아 계셨을 땐 어떠했을지 짐작이 갔어요. 내 뒤를 따라다니시느라 넋이 다 빠져 내 옆에서 하염없이 한숨만 짓고 계시는 어머님을 차마 볼 수가 없었어요. 다시 출발할 때 나는 이창매의 무덤을 돌아보며 마음속으로 절을 했어요.

7월 25일 나진포에서 배를 탔어요. 어머님은 작은 목소리로 말씀하셨어요.

"도착하면 너는 왜놈의 손에 죽을 게 아니냐. 차라리 이 맑은 물에 나와 같이 죽어서 귀신이라도 되어 함께 다니자."

어머님은 나를 끌고 뱃전으로 다가갔어요. 나는 어머님을 달랬어요.

"어머님은 자식이 이번에 가서 죽을 줄 아십니까? 결코 죽지 않습니다. 자식이 국가를 위하여 원수를 죽였으니 하늘이 도우실 겁니다. 저는 죽지 않습니다."

어머님은 하늘을 향해 두 손을 비비시면서 알아듣지 못할 낮은 음성으로 기도하셨습니다.

나는 인천에 있는 감옥에 들어갔습니다. 인천에는 갑오경장 이후 외국인 관련 사건을 재판하는 특별 재판소가 있었어요. 감옥에 들어가자마자 9인용 장곡(긴 나무토막에 구멍을 파서 죄인의 두 발목을 구멍에 넣고 자물쇠로 채우는 것) 중간에 꼼짝없이 묶였어요. 치하포에서 이화보가 한 달 전에 구속되어 인천 감옥에 갇혔는데 그는 나를 보고 매우 반가워했어요. 내가 붙여 놓았던 포고문을 왜놈들이 떼어 버리고 나를 살인 강도범으로 꾸몄다고 그는 말했어요.

어머님은 자식의 목숨을 구하기 위해 개성 사람 박영문에게 식모로 일하게 해 달라고 부탁하셨어요. 그 집은 밥을 짓거나 옷 만드는 일이 항상 많았어요. 어머님은 하루 세 끼 감옥에 밥 한 그릇씩 가져다주는 조건으로 일을 하게 되었어요. 어머니가 매일 밥을 넣어 주자 다른 죄수들이 매우 부러워했어요.

감옥 안은 매우 더러웠어요. 게다가 찌는 듯이 더운 여름이었어요. 나는 장티푸스에 걸려 극심한 고통을 겪게 되었고, 자살을 하기로 결심

했어요. 동료 죄수들이 잠든 틈을 타서 손톱으로 이마에 충(忠) 자를 새기고 허리띠로 목을 졸랐어요. 숨이 잠깐 끊어졌지만 천천히 정신이 돌아왔어요. 죄수들이 고함을 치며 죽는다고 소동을 치고 있었어요. 내가 정신을 차리며 격렬하게 요동치자 죄수들이 놀라 소동을 일으킨 것이었어요.

그 이후로 사람들이 나를 주의하며 살폈기 때문에 자살할 기회는 없었어요. 나 역시 자살은 옳은 일이 아니라고 생각했어요. 그러는 사이 열은 내렸지만 보름 동안 음식을 먹지 못했어요.

그때 마침 신문을 한다는 연락이 왔어요. 나는 마음을 굳게 먹고 간수의 등에 업혀 경무청으로 들어갔어요. 안에는 신문하는 기구가 놓여 있었어요. 간수가 나를 앞혀 놓자 당시 경무관 김윤정이 물었어요.

"네가 안악 치하포에서 일본인을 살해한 일이 있느냐?"

"나는 그날 그곳에서 국모의 원수를 갚기 위해 왜구 한 명을 때려죽인 사실이 있소."

법정 안은 조용해졌어요. 내 옆에는 와타나베라는 왜놈 순사가 앉아서 신문 과정을 지켜보고 있었어요. 나는 그를 향해 소리쳤어요.

"이놈! 국가 간의 조약에 그 나라 임금을 시해하라는 조항이 있었는가! 이 개 같은 왜놈아! 너희는 어찌 우리 국모를 시해했느냐! 내가 죽으면 귀신이 되어서, 살면 몸으로 네 임금을 죽이고 왜놈을 다 죽여 우리 국가의 치욕을 씻을 것이다!"

와타나베는 겁이 났는지 대청 뒤쪽으로 도망갔어요. 그리고 재판은 감리사 이재정에서 넘어갔어요. 나는 법정 맨 윗자리에 앉은 이재정에게 질문했어요.

"저는 시골의 천민이지만 국가가 수치를 당하고 푸른 하늘 밝은 해 아래 내 그림자가 부끄러워서 왜구 한 명을 죽였습니다. 그러나 나는 아직 우리 동포가 왜인들의 왕을 죽여 복수했단 말을 듣지 못했습니다. 지금 당신들은 소복을 입고 있는데 나라님의 원수를 갚지 못하면 소복을 입지 않는다는 춘추대의 구절을 보지 못했습니까?"

관리들의 얼굴은 붉게 달아올랐어요. 이재정이 하소연하듯 내게 말했어요.

"창수의 말을 들으니 그 충의와 용기가 대단하다. 내 마음이 다 부끄럽구나. 그러나 신문을 해 위에 보고해야 하니 사실에 대해 자세히 말하라."

하지만 김윤정이 내 병이 심각하다는 것을 듣고 나를 감옥으로 돌려보냈어요. 법정 밖까지 재판을 구경하는 사람들로 가득했어요.

나는 감옥에 들어가 큰 소동을 일으켰어요. 그들이 다시 나를 묶어놓았기 때문이었어요.

"처음 나를 강도로 대우했을 때 난 아무 말도 하지 않았다. 하지만 오늘은 정당하게 내 뜻을 전달했는데도 어찌 나를 강도로 대우하는 것이냐! 왜놈을 기쁘게 하기 위해 내게 이런 대우를 하는 것이냐!"

김윤정이 이 광경을 보게 되었어요. 그리고 그는 간수들을 꾸짖었어요. 김윤정의 명령으로 나는 방을 옮기게 되었어요.

그때부터 나는 감옥 안의 왕이 되었습니다. 면회를 오는 어머님의 안색도 좋아지셨어요. 다음 날부터 감옥 앞은 나를 보기 위해 면회를 청하는 사람들이 늘어나기 시작했어요. '제물포가 개항한 지 9년, 감리서 설립된 이후 처음 보는 희귀한 사건'이라고 소문이 나면서 많은 사람들은 내 다음 신문을 기다렸어요.

그리고 2차 신문 날이 다가왔어요. 법정 안은 사람들로 가득 차 있었어요. 신문을 시작하자마자 나는 "전에 다 말했기 때문에 할 말이 없다."고 말을 끝냈어요. 그 후 면회하러 오는 사람들은 더 늘어났어요. 맛있는 음식을 싸 와 들여보내 주기도 했어요.

3차 신문은 감리서에서 했어요. 신문은 감리사 이재정이 했어요. 그는 작성한 신문서를 내게 보여 주고 고칠 것은 고치게 한 뒤 서명을 받았어요. 신문은 그렇게 끝났어요.

며칠 후 왜놈들이 내 사진을 찍는다고 해서 경무청으로 또 업혀 들어갔어요. 김윤정은 주먹을 쥐고 눈을 부릅뜨고 사진을 찍으라고 슬쩍 내게 말했어요. 왜놈은 내가 죄인으로 보이길 바랐고, 수갑 채우거나 포승줄로 묶길 원했지요. 그러나 김윤정은 거절했고 왜놈은 다시 부탁했어요. 결국 내가 앉은 옆자리에 포승을 놓아두고 사진을 찍었어요. 나는 일반 관중들을 향해 큰 소리로 연설을 했어요.

"왜놈이 국모를 살해했으니 온 나라 백성에게 크나큰 치욕입니다! 당신들의 아들들과 딸들은 이제 왜놈의 손에 죽을 것이니 나를 따라 왜놈을 보는 대로, 만나는 대로 다 죽입시다!"

그리고 나는 김윤정에게 이화보의 석방을 요구했어요. 감옥에 돌아온 지 얼마 안 되어 이화보는 석방되었어요. 그는 나를 찾아와 감사의 인사를 하고 떠났어요.

이때부터 나의 옥중 생활이 시작되었어요. 나는 많은 양의 독서를 했어요. 아버님이 《대학(大學)》을 넣어 주셔서 나는 매일 《대학(大學)》을 읽고 외웠어요. 나와 이야기해 본 감리서 직원은 새로운 서적을 읽어 보라고 권하기도 했어요. 중국에서 발간된 책과 국한문으로 번역된 것을 갖다 주며 읽어 보라 권하는 이도 있었어요. 나는 손에서 책을 놓지 않고 열심히 읽었어요.

나는 죄수들에게 문자를 가르치기도 했어요. 죄수들의 열에 아홉은 글을 몰랐어요. 내가 문자를 가르쳐 주겠다고 하자 맛있는 음식을 얻어 먹는 데 대한 감사의 표시로 배우는 척만 하는 죄수들이 많았어요.

이 당시는 황성신문이 창간되던 때였어요. 어느 날 신문을 보는데 내 사건을 실려 있었어요. 김창수가 들어간 후로 인천 감옥은 감옥이 아니라 학교가 되었다는 내용의 기사였어요.

나는 죄수들의 소장(訴狀)을 써 주기도 했어요. 내가 쓴 소장으로 재판에서 이길 때도 있었어요. 비용 한 푼 없이 성심껏 소장을 지어 주는

바람에 김창수가 쓴 소장은 거의 다 이긴다고 소문이 나 버렸어요.

나는 감옥에서 성악도 배웠어요. 당시 감옥은 낮에 자고 밤에 자지 못하게 하는 규칙이 있었어요. 밤에 잠을 자게 하면 잠든 틈을 타서 도망가기 때문이었어요. 그래서 죄수들에게 소리나 옛이야기를 시키곤 했어요. 나도 밤에는 놀다가 잠자리에 들곤 했어요. 나는 조덕근에게 온갖 시조와 타령을 배워서 죄수들과 같이 소리를 하며 지냈어요.

그러던 어느 날 황성신문에 살인 강도 김창수를 교수형에 처한다는 기사가 났어요. 내 마음은 조금도 동요하지 않았어요. 교수대에 오를 시간이 반나절밖에 남지 않았지만 나는 평상시처럼 독서도 하고 사람을 만났어요. 면회를 온 사람들도 마지막으로 보러 왔다며 모두 눈물을 흘렸어요. 동료 죄수들도 애통해하며 울었어요.

교수대에 끌려갈 시간이 되었어요. 그런데 시간이 지나도록 아무 소식이 없었어요. 저녁이 되어서야 옥문이 열렸어요.

"김창수는 살았소! 지금 고종 폐하께서 전화로 감리 영감을 불러 놓으시고 김창수의 사형을 정지하라는 명령을 내리셨습니다! 감리 영감은 이 사실을 김창수에게 알려주라고 하셨습니다!"

법무부에서 나의 교수형을 임금께 보고했는데 이 사건을 이상하게 여기고 어진 회의를 열었던 거예요. 그리고 임금이 김창수의 생명을 살리라고 전화로 명하신 것이었지요. 경성부에 전화가 가설된 지는 오래되었어요. 하지만 경성(서울) 외의 지역에 장거리 전화가 설치된 것은

사형수가 되다

인천이 처음이었어요. 그날은 인천까지 전화가 가설된 지 3일째 되던 1896년 8월 26일이었어요. 만약 그때까지 전화가 설치되지 못했다면 내 사형 집행은 그대로 진행되었을 거예요.

　내 사형이 정지되었다는 소문이 퍼지면서 면회하러 오는 사람은 줄을 이었어요. 나는 옥문 앞에 앉아 며칠 동안 손님을 맞이했어요.

8 긴 여행길

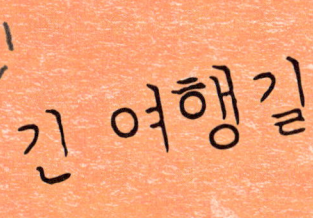

나는 오랜 고민 끝에 탈옥하기로 결심했어요. 조덕근을 불러 내가 하라는 대로 한다면 감옥에서 나갈 방법을 알려주겠다고 하자 그는 매우 기뻐했어요. 나는 그에게 하인 편으로 편지를 보내 돈 이백 냥만 가져다 몰래 몸에 감추어 두라고 했어요. 그리고 다음 날 조덕근의 집에서 이백 냥을 보내왔어요.

그때 감옥에 있던 황순용과 절도범 김백석은 매일 나를 찾아와 살려 달라고 청했어요. 이 둘과 조덕근, 양봉구는 내가 자기네들을 감옥에서 나가게 해 줄 것이라 굳게 믿고 있었어요.

1898년 3월 오후 나는 아버님을 불러 삼릉창 하나를 만들어 새 옷 속에 싸 넣어 달라고 부탁했어요.

"오늘 밤 감옥에서 나갈 것입니다. 부모님 두 분은 오늘 저녁에 배를 타고 고향으로 가십시오."

어머님께서 저녁밥을 가지고 오셨을 때 나는 이렇게 말씀드렸어요.

그날 오후에 간수를 불러 돈 백오십 냥을 주고 내가 오늘은 죄수에게 한 턱을 낼 것이니 쌀과 고기와 술을 사 오라고 부탁했어요.

"그대가 오늘 밤 당번이니 오십 전어치 아편을 사서 밤새 실컷 피우게나."

매일 밤 간수 한 사람씩 감옥에서 밤을 보내는 것이 규칙이었는데 마침 그 간수는 아편쟁이였어요. 성품과 행동이 매우 안 좋아서 죄수들에게 미움을 받는 사람이었지요. 그날 밤 오십여 명의 죄수와 삼십여 명의 잡범들까지 고깃국과 술을 실컷 먹었어요.

흥이 오를 때쯤, 나는 간수에게 노래나 듣자고 요청했어요. 간수가 허락하자 죄수들이 노래를 부르기 시작했어요. 간수는 자기 방에서 아편을 실컷 피우고 쓰러져 있었어요. 나는 그때를 틈타 마루 속에 들어가 벽돌을 들추고 땅속을 파서 감옥 밖으로 나갔어요. 감옥 담을 넘으려 할 때 조덕근 생각이 났어요.

'그 친구들을 데려가다가 무슨 일이 날지 모르니 그냥 가는 것이 좋지 않을까? 그자들은 내 동지가 아니야. 구해서 무엇 하겠는가?'

하지만 나는 다시 돌아갔어요. 그리고 나를 따르던 죄수 네 명을 하나씩 다 내보내고 다섯 번째로 나갔어요. 감옥 밖에서 간수들의 발자국 소리가 들렸어요. 나는 옆에 세워진 몽둥이를 가져와 몸을 솟구쳐 담 꼭대기를 손으로 잡고 뛰어내렸어요. 나는 쇠창을 손에 들고 정문으로

나갔어요.

　밖에 나오자 밤안개가 자욱했어요. 나는 숨을 곳을 찾았어요. 천주교당의 뽀족한 지붕이 보였어요. 그곳이 동쪽이라 짐작하고 걸어갔어요. 그리고 막걸리 집으로 가는 한 남자를 붙잡았어요. 나는 내 신분을 밝히고 석방된 이유를 말한 뒤 길을 가르쳐 달라고 부탁했어요. 다행히 그가 화개동 마루터기까지 동행해 주었어요.

　그리고 수원, 시흥, 경성으로 가는 길을 알려 주었어요. 나는 경성으로 가기로 결정했어요. 내 모습은 꼭 도적놈 같았어요. 장티푸스를 앓은 뒤 머리털이 다 빠져 상투로 꼭대기만 졸라맨 채 수건으로 묶어 버렸어요. 두루마기도 없이 바지저고리만 입고 있었지요. 아무리 봐도 평범한 사람으로 보이지는 않았어요.

　해가 지도록 물 한 모금 못 먹어 어지러움이 몰려왔어요. 나는 근처 동네에 들어가 밥을 먹여 달라고 청했어요. 그 주인은 죽 한 그릇을 주었어요. 죽을 먹고 동네 디딜방앗간에 볏짚을 깔고 하룻밤을 보냈어요. 그리고 새벽에 일찍 일어나 경성으로 향했습니다. 가던 도중 한 집에서 아침밥을 얻어먹었어요. 그리고 큰길을 피해 시골 마을로만 걸어갔어요. 그렇게 인천, 부평 등을 지나갔어요. 감옥에서 배운 시조와 타령을 하면서 길을 걸었어요.

　그날 양화진 나루(현재 서울 합정역 한강변에 위치)에 도착했어요. 동네 서당에 들어가 선생을 만나게 해 달라고 부탁했어요. 선생은 내 모습을 보고 반말을 하기 시작했고, 나는 그를 나무랐어요.

"남의 본보기가 되어야 할 사람이 이처럼 교만하다니 어찌 아이들을 가르칠 수 있겠습니까? 나는 선생에게 결코 하대를 받을 사람이 아닙니다."

선생은 사과를 하고 나에 대해 물었어요.

"나는 경성에 사는 누구인데 인천에서 일을 보고 오던 길에 벼리고개에서 도적을 만났습니다. 날도 저물고 배도 고파 예절을 알 만한 선생을 찾아왔습니다."

선생은 나와 밤새 토론하며 하룻밤을 보냈어요. 그리고 다음 날 서당 학생에게 부탁해 나루 주인에게 편지를 전해 주었어요. 덕분에 나는 무료로 양화진을 건너 경성에 도착할 수 있었어요.

경성에 가는 목적은 특별히 없었습니다. 나는 인천 감옥에서 많은 사람을 만났어요. 그때 남영희궁 청지기(양반집에서 시중들던 사람)가 대여섯 명의 사람을 모아 가짜 백동전을 만들다가 체포돼 감옥에 있었어요. 그들은 내게 큰 은혜를 입었다면서 감옥에서 나오면 꼭 만나고 싶다고 간절히 부탁했어요. 나는 새 옷도 필요했기 때문에 경성에 가서 그 사람들도 찾고 조덕근도 만나 볼 생각이었어요.

나는 남대문에 들어서서 남영희궁을 찾아갔어요.

"이리 오너라."

내가 부르자 청지기가 문을 열고 나왔어요.

"아니! 이게 누구요!"

내 얼굴을 자세히 보던 그는 버선발로 마당에 뛰어나와 내게 매달렸어요. 내 얘기를 다 듣더니 그때 감옥에 같이 갇혔던 공범들을 불러 모았어요. 그리고 갓과 두루마기와 망건을 하나씩 사다 주었어요. 몇 년 만에 망건을 쓰니 저절로 눈물이 떨어졌어요.

그러고 나서 조덕근의 집을 찾아갔어요. 문밖에서 그를 불렀어요.

"우리 집 양반이 옥에서 나왔다고 인천에서 연락을 주었으나 여기엔 오지 않았습니다. 혹시 이모 댁에 나와 계신지 내가 오늘 가 보고 내일 오시면 말씀드리겠습니다."

그의 큰마누라가 말했어요. 나는 다음 날 다시 찾아갔어요. 하지만 그의 큰마누라는 여전히 조덕근이 어디 있는지 모른다고 말했어요. 나를 다시 만나 봐야 아무런 이익이 없다고 생각한 것 같았어요. 나는 내 어리석음을 탓했어요.

'내가 먼저 탈옥하려다 그가 애걸해 위험을 무릅쓰고 구해 주었는데 이젠 빈손으로 찾아오니 자기에게 해가 될까 봐 거절하는구나.'

나는 다시 그의 집에 가지 않았어요. 그리고 여행을 떠나기로 결심했어요. 사람들에게 작별 인사를 했더니 각자 돈을 모아 주었어요.

그날로 나는 삼남 지방으로 향했습니다. 마음이 너무 우울해서 술을 많이 마셨어요. 그러다 보니 돈도 다 떨어졌습니다. 나는 삼척 영장을 지낸 김삼척의 집에 들렀어요. 그의 맏아들은 나와 함께 인천 감옥에

있었는데 나를 몹시 좋아했어요. 그는 감옥에서 나갈 때 꼭 나중에 만나자고 약속했지요. 나는 그 집에서 그들 여섯 형제와 같이 술 마시고 노래 부르며 며칠을 지냈습니다.

약간의 돈을 얻은 나는 공주를 지나 강경포에 있는 공종열의 집을 찾아갔어요. 공종열도 감옥에서 만난 친구였어요. 그의 집은 매우 크고 넓었어요. 그는 나를 극진히 대우했어요. 하지만 그 집안에 좋지 않은 일이 생겼어요. 나는 날이 밝는 대로 떠나기로 했어요. 그 집 형편이 좋지 않으니 내가 숨어 있는 것 또한 탄로 날 가능성이 컸어요. 공종열은 자기 매부가 사는 무주읍으로 가는 게 좋을 것 같다고 권유했어요. 그는 편지 한 장을 써 주었어요.

하지만 무주에서도 오래 머물지 못했어요. 한곳에만 머무르다 보니 우울한 마음은 더 커졌어요. 나는 무전여행을 하기로 결정했어요. 먼저 남원에 가서 김형진을 만나야겠다고 생각했어요. 남원 이동에 찾아가서 사람들에게 김형진이 사는 곳을 물었어요. 그들은 김형진이 동학에 가입했다가 망한 후 어디론가 도망가서 소식을 모른다고 했어요.

그래서 전주로 향했어요. 전주 남문에 있는 한약국 주인인 최군선이 김형진의 매형이라는 얘기를 들었던 적이 있었거든요. 최군선을 찾아가 김형진의 친구임을 밝히고 그의 소식을 물었어요.

"김형진 말씀입니까? 김형진이 내 처남이지만 내게 무거운 짐만 지우고 자기는 벌써 황천객이 되었답니다."

그가 죽었다는 소식에 나는 슬픔을 금할 수 없었어요. 그러면서도 최군선의 불친절한 대응이 못마땅했습니다. 그에게 작별 인사를 하고 장터로 향했어요. 마침 전주는 장날이었어요. 그때 시골 농사꾼으로 보이는 한 청년이 포목을 팔고 있었어요. 생김새가 꼭 김형진 같았어요.

"김 서방이 아니십니까?"

"예, 그런데 당신은 누구시오?"

나는 그가 김형진의 동생이라는 것을 한눈에 알아보았어요.

"당신을 보고 김형진의 동생이라는 것을 짐작했습니다. 나는 황해도 해주에 사는 김창수라고 합니다. 혹시 생전에 내 이야기를 들은 적이 있습니까?"

내 소개를 하니 그의 눈에는 금방 눈물이 고였습니다. 말을 잇지 못하더니 흐느끼며 슬피 울기 시작했어요.

"내 형이 살아 있을 때 당신에 대한 말씀을 들었을 뿐 아니라 별세하실 때에도 창수를 다시 못 보고 죽는 것이 한이 된다고 하셨습니다. 어서 저희 집으로 가시지요."

그는 나를 데리고 집으로 갔어요. 자기 어머니와 형수에게 내가 찾아온 것을 말하자 집안은 눈물바다가 되었어요. 김형진이 죽은 지 19일째였고, 나는 그의 영전에 절을 했어요.

그곳에서 며칠을 보내고 다시 무안과 목포로 떠났어요. 그리고 해남의 관두, 강진 고금도, 완도 등을 구경하고 장흥 보성 송곡면, 화순 동

북, 순창 대명, 하동 쌍계사 칠불아자방을 구경했어요. 다시 충청도로 돌아와 계룡산 갑사에 도착하니 8월에서 9월쯤이 되었어요. 사찰 부근에 감나무가 숲을 이루고 서 있는데 붉은 감이 익어 떨어지곤 했어요.

어느 날 절에서 점심을 먹고 있었어요. 그때 점심을 먹는 유산객 한 사람이 있었어요. 인사를 하니 공주에 사는 이 서방이라고 했어요. 나이가 마흔이 넘은 선비였지요. 초면이었지만 말이 꽤 잘 통했어요. 그가 나에 대해 물었어요. 나는 개성에서 자랐고 상업에 실패해 일 년간 여행을 한 뒤 고향으로 가는 길이라 말했어요. 이 서방은 다정하게 다시 물었어요.

"여기서 사십여 리를 더 가면 마곡사란 절이 있습니다. 이왕 오신 거 그 절이나 같이 구경하고 가시는 것이 어떻겠습니까?"

나는 마곡사란 말이 의미심장하게 들렸어요. 그래서 이 서방과 함께 마곡사를 향해 출발했어요.

9 가족의 죽음

마곡사에 도착한 이 서방은 중이 되자고 권유했습니다. 나는 고심 끝에 승낙했어요. 사제 호덕삼이 머리털을 깎는 칼을 가지고 왔어요. 내 상투가 모래 위로 툭 떨어졌어요. 결심은 했지만 머리털과 같이 눈물이 뚝뚝 떨어졌어요. 은사 하은당이 내 승명을 원종이라고 지어 주었어요.

그간 내게는 영웅심과 공명심(공을 세워 자기의 이름을 널리 드러내려는 마음)이 있었어요. 평생의 한이었던 상놈의 껍질을 벗고 월등한 양반이 되어 평범한 양반에게 당한 원한을 갚고자 하는 마음이 가득했지요. 그런데 중이 되고 보니 이런 생각은 허영과 야욕에 가득한 것이었어요.

세월은 흘러 1899년 정월을 맞이했어요. 나는 중이 되었지만 세상과의 인연을 다 끊지 못하고 있었어요. 나는 부모님이 살아 계신지 돌아가셨는지도 모르고 있었어요. 나를 구출하기 위해 재산을 탕진한 김경

득의 소식도 알고 싶었어요. 청계동 안 진사도 다시 만나고 싶었지요. 나는 경성으로 출발했어요. 거기서 혜정이라는 중을 만났어요. 평양 강산으로 간다기에 그와 동행했어요. 수양산 신광사 근처 북암에 머물면서 그에게 내 사정을 이야기했어요.

"텃골 본가에 가서 내 부모님을 몰래 만나 주십시오. 안부만 묻고 내가 어디에 있는지는 말하지 말아 주세요."

그가 떠나고 소식을 기다리던 중, 4월 29일 저녁에 혜정을 따라 부모님이 북암으로 오셨어요. 세 식구가 다시 만나니 기쁘기도 하고 슬프기도 해 서로 붙들고 눈물을 흘렸어요.

5일 후 혜정과 함께 부모님을 모시고 평양 구경을 떠났어요. 5월 4일 평양성에 도착해 여관에서 밤을 지냈어요. 다음 날이 단오였기 때문에 모란봉에 가서 그네뛰기를 구경했어요.

돌아오는 길에 어떤 학자가 단정하게 앉아 있는 것을 보았어요. 그는 최재학으로 간재 전우의 제자였어요. 최재학 옆에는 노인 한 분이 있었어요. 그의 길고 아름다운 수염이 위풍당당해 보였어요. 최재학은 나를 영감에게 소개했어요. 그는 전효순이란 사람으로 당시 평양 진위대의 영관(소령, 중령, 대령을 통틀어 이르는 말)이었고 그 후로 개천 군수를 지냈어요. 최재학은 나를 좋게 보고 영천사 방주를 맡아 달라고 했어요. 나는 만족스러웠어요. 부모님을 모시고 다니면서 구걸하기도 죄송했고 학자와 같이 지내면 내 학식에도 많은 도움이 될 것이라 생각했거든요.

그래서 그곳에서 지내게 되었어요.

하지만 혜정 스님은 내 불심이 갈수록 쇠약해지고 속된 마음만 자라나는 것을 보고 안타까워했어요. 나는 중의 모습으로 서도(황해도와 평안도)로 내려왔어요. 아버님은 다시 삭발하는 것을 허락하지 않으셨어요. 그래서 나는 머리가 긴 장발승이 되었어요.

9월에서 10월경에는 고향인 해주 텃골로 돌아왔어요. 양반들과 친척들은 김창수가 돌아왔으니 앞으로 또 무슨 일이 생기지는 않을까 걱정하는 눈치였어요.

1900년 2월 나는 강화도로 가야겠다고 결심했어요. 이름을 김두래라고 고치고 길을 떠났어요. 강화에 도착해 김경득의 집을 찾아갔어요. 그의 셋째 동생 진경이 나를 맞이했어요.

"김경득 형님과 막역한 동지인데 소식을 몰라 궁금해 찾아왔네."

그러자 진경이 대답했어요.

"형님이 집을 나간 지 벌써 3, 4년이 지났는데 소식이 없습니다. 제가 형수를 모시고 조카들을 키우고 있습니다."

나는 진경에게 과거의 모든 일을 사실대로 이야기할 수 없었어요. 그렇다고 바로 떠나기는 너무 아쉬웠지요.

"내가 윤태에게 글을 가르치고 지내면서 형님 소식을 같이 기다리면 어떻겠나?"

진경은 매우 감격하는 표정이었어요. 그날부터 나는 김경득의 아이

들을 가르치게 되었어요. 한 달이 채 지나지 않았는데 삼십여 명의 아이들이 모여들었어요.

개학 후 석 달이 지난 어느 날, 진경이 서울에서 온 편지 한 장을 보며 고민하고 있었어요. 나는 무슨 편지냐고 물었어요.

"유인무, 혹은 유완부라고 하는 양반이 보낸 편지입니다. 재작년에 해주 사람 김창수란 청년이 왜놈을 죽이고 인천 감리서에 수감되었는데 간수 중에 우리 집 여종의 서방이었던 최덕만이란 놈이 형님께 그 김창수에 대한 이야기를 해 주었습니다. 교수형을 받게 된 것을 상감이 살려 주어 죽지 않고 있다는 말을 듣고 형님은 재산을 있는 대로 톡톡 털어 약 1년 동안 서울로 가서 김창수를 살리려고 애를 썼어요. 하지만 돈만 날렸지요. 형님이 돌아오신 후 다른 사건으로 피신하셨는데 그 후에 들으니 김창수는 감옥을 탈출해 도주했다고 하더군요. 그런데 유완무가 얼굴도 모르는 나에게 혹시 해주에서 김창수라는 사람이 오면 자기에게 급히 알려 달라고 편지를 한 것입니다. 형님과 친한 이춘백이란 양반이 유완무와도 친한 모양이에요. 편지에 이춘백을 보내니 의심 말고 자세히 알려 달라고 부탁을 해 왔습니다."

그 이야기를 듣고 나니 여러 가지 의심이 생겼어요. 일단 유완무란 사람을 알고 싶었어요.

다음 날, 기골이 장대하고 얼굴에 마마(천연두) 자국이 있는 남자가 사랑으로 들어왔어요. 그가 이춘백이었어요. 방에 들어가 진경과 이야기

하기 시작했어요. 유완무란 자가 나를 구하기 위해 많은 노력을 했다는 것을 알게 되었습니다. 그를 한번 만나야겠다고 생각했어요.

나는 진경에게 내가 김창수라고 말했어요. 그리고 유완무를 만나게 해 달라고 부탁했어요. 얼마 후 이춘백을 따라 서울 공덕리 박태병 진사의 집에 갔습니다. 망건에 검은 갓을 쓰고 의복을 검소하게 입은 생원 한 분이 나와 나를 맞이했어요.

"내가 유완무요. 오시느라 무척 고생하셨습니다."

"강화 김 씨 댁에 있으면서 나를 위해 노고를 겪으셨다는 사실을 알게 되었습니다."

유완무는 빙그레 웃었어요. 나는 유 씨가 이주하는 무주읍내로 가 그 집에서 함께 지내게 되었어요. 유완무는 내 이름이 쓰기 불편하다 하여 김구라고 고쳐 주었습니다.

나는 다시 해주로 돌아왔어요. 고 선생이 보고 싶어 산중턱에 있는 작은 집에서 선생을 뵈었어요. 5, 6년 동안 심하게 쇠약해지지는 않았지만 안경을 쓰지 않고는 글을 못 보는 모양이었어요. 고 선생은 내가 왜놈을 죽여 의거했다는 소식을 듣고 놀라고 감탄했다고 하셨어요.

나는 선생과 나라 일에 대해 토론했어요. 예전과 달리 의견 차이를 느낄 수 있었어요. 하룻밤을 같이 보내고 다음 날 고 선생 댁을 나왔어요. 그때 올렸던 절이 마지막이 될 줄 누가 알았을까요? 고 선생이 제천 동문의 집에서 객사했다는 이야기를 나는 나중에야 전해 들었어요.

이 말을 기록하는 오늘까지 삼십여 년 동안 내가 가장 아름답게 생각하던 때가 있다면 청계동에서 고 선생이 나를 사랑하고 심혈을 기울여 교육하던 그때일 거예요. 이 세상에서 사랑스럽고 위대한 그분의 얼굴을 다시 뵙지 못한다는 것과 참되고 거룩한 사랑을 받지 못한다는 것이 슬프고 애통할 뿐입니다.

그날로 텃골 고향으로 돌아왔어요. 안마당에 들어서니 부엌에서 어머님이 나오셨어요.

"아버지의 병세가 위중하시다."

급히 들어갔더니 아버님이 나를 반갑게 맞이하셨어요. 어머님 말씀대로 병세가 위중하셨어요. 약을 먹어도 소용이 없었어요. 아버님은 십사 일 동안 내 무릎을 베고 계시다가 1900년 12월 9일 먼 나라로 떠나셨어요.

아버님께서 운명하시기 전날까지도 나는 '유완무나 성태영의 주선으로 연산으로 이사 갔다면 백발의 아버님이 이웃 사람들에게 상놈 대우 받는 설움을 겪지는 않았을 텐데.' 하고 생각했어요. 산골의 가난한 집에서 의사를 부른다거나 좋은 약을 쓰는 것은 어려운 일이었어요. 우리 할머님이 임종하실 때 아버님께서 손가락을 자른 것도 이런 절박한 마음에서 하신 일이었어요. 만약 내가 아버님처럼 손가락을 자른다면 어머님의 마음도 좋지 않을 것 같았어요.

그래서 나는 허벅지 살을 베어 내기로 결심했어요. 어머님이 계시지

않은 틈을 타 왼쪽 허벅지에서 살 한 점을 떼어 냈어요. 고기는 불에 구워서 약이라 말씀드리고 잡수시게 했어요. 흐르는 피도 드시게 했어요. 그래도 양이 적은 것 같아 다시 칼을 들었어요. 그보다 크게 살 조각을 떼어 내기로 했어요. 처음보다 천백 배의 용기를 내어 살을 베었지만 살 조각은 떨어지지 않고 고통만 심했어요. 두 번째는 다리 살을 베어 놓기만 하고 손톱만큼도 떼어 내지 못했어요. 나는 스스로 탄식했어요.

'손가락이나 허벅지를 베어 내는 것은 진정한 효자나 하는 것이지, 나와 같은 불효자가 어찌 효자가 되겠는가.'

조문객이 오는데 다리의 고통은 점점 심해졌어요. 나는 허벅지 살을 벤 것을 잠시 후회했어요.

텃골 오른쪽 산기슭을 아버님 장지로 결정하고 그곳에 안장했어요. 상중이라 아무 데도 가지 않고 나는 작은아버지의 농사를 도왔어요. 작은아버지는 나를 매우 기특하게 생각하셨어요. 그리고 이백 냥을 주시면서 인근에 사는 어떤 상놈의 딸과 결혼하라고 하셨어요. 나는 정중히 사양했습니다. 정승의 딸이라도 재물을 따지는 결혼은 죽어도 하지 않겠다고 다짐했기 때문이었어요. 작은아버지는 화를 내며 낫을 들고 달려들었어요. 어머님이 말리는 틈을 타 도망쳤어요. 그 이후 몇 번 결혼을 할 기회가 있었지만 모두 이루어지지 않았어요.

1903년 2월 나는 장련읍 사직동으로 이사를 했습니다. 장련읍 진사 오인형이 자기가 산 집과 대지, 산림과 과수 그리고 스무여 마지기의

전답을 모두 내게 맡겨 공공사업에 매진할 수 있게 해 주었어요. 나는 오 진사의 집 큰사랑에 학교를 열었어요. 오인형의 셋째 동생 순형은 나와 함께 예수교에 힘쓰기로 약속했어요. 나는 학생들을 가르치며 예수교를 선전하기도 했어요.

1년도 채 안돼 교세도 확장되고 학교도 점차 발전했어요. 나는 공립 학교 교원이 되어 공, 사립 학교를 발전시키는 데 힘썼어요.

그러던 어느 날, 신천 사평동 예수 교회의 영수 양성칙이 찾아와 결혼을 권유했어요. 처녀는 그 교회에 다니는 최준례라는 학생이라고 했어요. 최준례의 어머니 김 부인은 경성에서 자랐는데 젊어서 과부가 되어 두 딸을 기르며 예수교를 믿고 있었어요. 김 부인은 이웃 동네에 사는 청년 강성모에게 최준례와의 혼인을 허락했어요. 하지만 준례는 거절했고 이는 교회에서 꽤 큰 문제가 되었어요.

준례는 당시 열여덟 살이었는데 자신의 마음에 맞는 남자를 골라 결혼하고 싶어 했어요. 그때 양성칙이 나에게 와 결혼을 할 의향이 있는지 물었던 거예요. 나는 당시 조혼의 폐해를 알고 있었지요. 그래서인지 준례에게 동정심이 생겼어요.

결국 나는 사직동 집에서 최준례와 약혼을 했어요. 그리고 준례를 경성 경신 학교에 유학을 보냈습니다.

10 나라를 잃다

1905년 일본에 의해 을사늑약이 체결되었습니다. 전국에서 지사들이 나라를 구할 방법을 고민했고 의병도 일어났어요.

나는 진남포 에버트 청년회 대표로 뽑혀 경성에 파견되었어요. 그리고 경성 상동 교회에 가서 에버트 청년회 대표 위임장을 제출했어요. 상동 교회에 모인 사람은 굉장히 많았어요. 회의 결과 임금께 상소를 올리기로 했어요. 이준이 상소문을 지었고 다섯 사람만 대표로 서명했어요. 상소하면 사형될 가능성이 높았어요. 만약 사형되면 다시 다섯 사람씩 몇 번이든 계속 상소를 올릴 작정이었지요.

정순만의 인도로 교회에서 맹세의 기도를 하고 모두 대한문 앞으로 나갔어요. 서명한 다섯 사람만 궁궐 문밖에서 회의를 한 뒤 상소를 올렸어요. 하지만 왜놈 순사들이 우리를 간섭하기 시작했어요. 다섯 사람

이 왜 간섭이냐고 항의했더니 왜놈들은 칼을 꺼내 위협했습니다. 다섯 지사는 맨주먹으로 싸움을 시작했어요. 근처에서 호위하던 우리들은 왜놈들을 향해 소리를 질렀어요.

"왜놈이 국권을 강탈하고 조약을 강제로 체결하는데, 우리 인민은 원수의 노예가 되어 살 것인가 의롭게 죽을 것인가!"

연설은 곳곳에 울려 퍼졌어요.

결국 다섯 지사는 경무청에 감금되었어요. 우리는 상소를 중단하고 종로에서 공개 연설을 하기로 했어요. 만약 연설을 중지당하면 대대적인 전투를 하기로 했지요. 종로에서 연설을 하니 일본 순사가 칼을 뽑아 들었어요. 연설하던 청년이 맨손으로 달려들어 순사를 쓰러뜨렸어요. 그러자 왜놈들이 총을 쏘기 시작했어요. 일본 순사들은 중국인 상점 안에 숨어서 총을 발사했고, 군중이 기와 조각을 중국 상점에 던졌어요. 그러자 일본 보병 중대가 포위하기 시작했어요. 많은 군중은 제각기 흩어졌어요. 왜놈들은 조선인을 마구 잡아들였어요. 이 때문에 수십 명이 체포되고 구금되었습니다.

그날 민영환이 자결했어요. 이 소식을 듣고 몇몇 동지들과 같이 조문을 하러 갔어요. 조문을 마치고 큰 도로로 걸어가고 있을 때였어요. 나이가 마흔 안팎쯤 되어 보이는 사람이 흰 명주 저고리에 갓망건도 없이 맨 상투 바람으로 인력거에 실려 가고 있었어요. 옷에는 핏자국이 얼룩덜룩 묻어 있었어요. 그는 크게 소리치며 울부짖었어요. 그는 참찬 이

상설이었어요. 나라가 잘못되어 가는 것을 보고 분을 못 이겨 자살 시도를 한 것이었어요.

원래 우리의 계획은 다섯 사람이 상소하고 그들이 죽으면 다음 다섯 사람이 다시 상소하는 것이었어요. 하지만 체포당한 다섯 지사가 조만간 풀려날 상황이라 계속할 필요가 없어졌어요. 나는 나라에 대한 절실한 각오가 부족한 민중과는 어떤 일을 하더라도 효과를 볼 수 없다는 것을 느꼈어요. 그만큼 민중의 애국심이 부족했던 거예요.

인민의 애국심을 높여 국가가 곧 자기 집인 줄을 깨닫게 만들어야겠다고 생각했어요. 그래서 왜놈이 자신의 생명과 재산을 빼앗고 자기 자손을 노예로 삼으려고 한다는 사실을 깨닫게 해야겠다고 다짐했어요. 나는 동지들과 헤어져 다시 황해도로 돌아왔고, 다시 교육에 힘썼어요.

1908년 9월 나는 문화 초리면 종산에 있는 사립 서명의숙의 교사가 되었어요. 그곳에서 농촌의 아이들을 가르쳤습니다. 그러다가 다음 해 정월 18일 안악읍으로 옮겨 새로 지은 사립 양산 학교의 교사로 근무했어요. 안악으로 이주한 뒤에도 교육 사업에 열중했어요.

그러다 휴가를 얻어 고향에 갔습니다. 오랜만에 고향 땅을 밟으니 어릴 때 공부하고 놀던 옛 추억들이 떠오르기 시작했어요. 나를 안아 주고 사랑해 주던 노인들은 보이지 않았어요. 내가 어리게 보았던 아이들은 거의 어른이 되어 있었어요. 성장한 청년 중에 쓸 만한 인재가 있는지 살펴보았어요. 하지만 겉모습뿐만 아니라 정신까지 상놈인 사람이 많았어요. 그들은 민족이 무엇인지, 국가가 무엇인지 털끝만큼의 각성도 없는 밥벌레에 불과했어요.

젊은 사람들에게 교육에 대해 말해 주었어요. 그들이 아는 신학문이란 예수교나 천주교뿐이었어요.

이번엔 이웃 동네 양반인 강 진사를 찾아갔어요. 예전에는 교만했던 양반들이 어중간한 말투로 나를 대했어요. 아마도 나에 대한 이야기를 들은 모양이었어요. 사실 양반 세력은 많이 쇠퇴해 가고 있었어요. 당당했던 양반들이 보잘것없는 상놈을 위해 애쓰는 것을 보자 그들이 가엾게 느껴졌어요.

'나라가 죽게 되니까 국내에서 온갖 위세를 떨던 양반부터 저 꼴이 난 것이 아닐까?'

만일 양반이 살아나 국가가 독립할 수만 있다면 내가 양반의 학대를 더 받더라도 괜찮겠다는 생각도 들었어요.

나는 강성춘에게 나라를 구할 방도를 물었어요. 강성춘은 나라가 망한 책임이 당국자에게 있고, 자기와 같은 시골 늙은이와는 관계가 없는 것처럼 대답했어요. 나는 이렇게 생각했어요.

'우리 집안이 상놈 중의 상놈이지만 그대는 양반 중의 상놈이다. 결국 그대도 상놈이기는 마찬가지다.'

강성춘에게 자식을 교육시키라고 권하자 그는 머리 깎는 것이 문제라고 했어요. 교육의 목적은 단발이 아니라 인재를 양성하는 것이며 약

한 나라를 부강하게 하고 어둠에서 광명을 되찾는 것이라고 말했어요. 그는 내가 천주학을 강요한다고 오해하는 것 같았어요. 자기 가문 중에도 예수교에 참가한 사람이 있다면서 그는 결국 대화를 거절했어요. 나는 속으로 울분을 토했어요.

'저주할 것이다. 해주 서촌 양반들이여! 자신들이 충신의 자손이니 공신의 자손이니 하면서, 평민을 소나 말처럼 여기고 노예로 부리던 기염은 다 어디로 갔단 말인가! 저주할 것이다. 해주 서촌 상놈들이여! 오백 년 기나긴 세월 동안 양반 앞에서 담배 한 대, 큰기침 한 번 마음 놓고 못 하다가 이제는 썩은 양반보다 새로운 양반이 될 수 있지 않은가! 예전 양반은 군주에 대한 충성으로도 자자손손이 혜택을 입었지만 새로운 양반은 이천만 민중에게 충성을 다하여 자기 자손과 이천만 민중의 자손에게 만세토록 복음을 남길 것이다. 얼마나 훌륭한 양반인가.'

나는 환등 기구를 가지고 고향으로 돌아갔어요. 그리고 근처 양반 상놈들을 다 모아 놓고 환등회 석상에서 이렇게 절규했어요.

"양반도 깨어나라! 상놈도 깨어나라!"

나는 교육에 더욱 열을 올렸습니다. 당시 안악에서 양산 학교를 확장해 중학부와 소학부를 두고 있었어요. 나는 최광옥 등 교육자와 힘을 합쳐 해서 교육 총회를 조직했어요. 그리고 전 도내에 교육 기관을 설립하고 운영하는 책임을 지고 각 군을 순행했어요.

먼저 배천읍으로 갔어요. 군주의 집에서 머물면서 교육 시설 방침에

대해 협의했어요. 그 뒤 장연으로 갔어요. 이어 순택, 신화면 등으로 순회하다가 다시 안악으로 돌아왔어요.

근처 대여섯 곳의 소학교를 불러 모아 송화에서 환등회를 열었어요. 나는 몇 년 만에 송화읍의 광경을 보았어요. 읍내 관사는 대부분 왜놈들이 점령했어요. 수비대와 헌병대, 경찰서, 우편국 등 여러 기관이 꽉 들어차 있었어요. 개인의 집을 군청으로 만든 모습을 보고 나는 분노를 느꼈어요.

환등회를 열자 대황제 진영이 나왔어요. 나는 사람들에게 기립 국궁(일어나 고개를 숙이고 경의를 표하는 것)을 명령했어요. 조선인은 물론이고 왜놈 장교와 경관 무리까지 국궁을 시켰어요. 그리고 '한인이 일본을 배척하는 이유는 무엇인가?' 라는 제목으로 강연을 시작했어요.

과거 러일 전쟁과 중일 전쟁 때만 해도 일본에 대한 한인의 감정은 좋았어요. 하지만 강제로 조약이 체결되면서 나쁜 감정이 생기기 시작했어요. 나는 일본군이 시골 마을에서 약탈하는 모습을 직접 본 적이 있다고 말했어요. 일본의 이 같은 나쁜 행위가 곧 일본을 배척하는 감정을 만들어 냈다고 큰소리로 꾸짖었어요. 앞에 앉은 왜놈들 모두 화가 난 표정이었어요.

그때 경찰이 들이닥쳤어요. 그들은 환등회를 해산시키고 나를 경찰서로 끌고갔어요. 그리고 다음 날 나는 하얼빈 전보로, 이토 히로부미가 한인 은치안에게 피살되었다는 기사를 읽었습니다. 나는 은치안이

누군지 무척 궁금했어요. 다음 날이 되어서야 그가 안중근이라는 사실을 알게 되었어요.

그제야 내가 잡혀 온 원인을 알게 되었어요. 일본은 하얼빈 사건과 내가 관련되었다고 생각하는 모양이었어요. '감옥에서 오래 고생하겠구나.' 하고 생각했어요. 며칠 후 나는 해주 지방 재판소로 압송되었어요. 그리고 해주에 도착한 즉시 투옥되었지요.

검사는 내게 안중근과의 관계를 물었어요. 하지만 하얼빈 사건과는 아무런 관련이 없다는 것이 증명되면서 풀려날 수 있었어요. 동지들이 걱정하고 있을 것 같아 재빨리 안악으로 돌아갔어요.

하루는 여물평 진초동 교육가인 김정홍 군의 집에서 노백린과 함께 자게 되었어요. 진초 학교 직원들과 함께 술을 마시고 있는데 밖에서 시끄러운 소리가 들려왔어요. 김정홍은 두려워하며 우리에게 다음과 같은 이야기를 해 주었어요.

오인성이란 여교사가 있는데 그는 이재명의 부인이라고 했어요. 어느 날 이재명이 총으로 부인을 위협하며 무엇인가를 요구했고 오 여사는 겁이 나서 이웃집에 숨어 있었어요. 이재명은 미친 사람처럼 동네 여기저기에서 총을 쏘아 댔어요. 매국노를 총살하겠다며 소란을 피웠어요.

이 이야기를 들은 나는 노백린과 상의해서 이재명을 불렀어요. 그런데 앞일을 누가 알았을까요? 그가 경성에서 이완용을 저격해 조선 천

지를 흔들 이재명 의사였다는 것을 말이에요.

청년 이재명은 분노로 가득 찬 얼굴로 방에 들어왔어요. 그는 미국에 있다가 몇 개월 전 귀국했다고 말했습니다. 그리고 자기 부인은 풍족한 가정에서 자랐지만 국가의 대사에 충성을 바칠 용기가 없고 내 의기와 충성도 이해하지 못한다고 말했어요.

"지금은 매국노 이완용을 죽이려고 준비 중입니다."

그러더니 단도 한 자루와 단총 한 정, 이완용 외의 사진 몇 장을 꺼내 놓았어요. 노백린과 나는 그를 헛된 열정에 들뜬 청년으로 보았어요. 노백린이 이재명의 손을 잡고 간곡히 말했어요.

"나라를 위해 용기 있게 활동하는 것은 대단하지만 대장부가 총을 가지고 자기 부인을 위협하고 동네에서 총을 쏘아 불안감을 조성하는 것은 의지가 확고하지 못하다는 뜻입니다. 그러니 총은 나에게 맡겨 두고 의지를 강하게 수양한 뒤 실행할 수 있을 때 총과 칼을 찾아가는 것이 어떻겠습니까?"

이재명은 한참 쳐다보다가 총과 칼을 노백린에게 주었어요. 하지만 표정은 좋지 않았어요.

그 후 이재명은 동지 몇 명과 함께 경성에 도착했어요. 그는 군밤 장수로 변장하고 길가에서 밤을 팔다가 이완용을 칼로 찔렀어요. 이완용의 생명이 위험하다는 내용과 함께 이재명, 김정익, 김용문, 전태선 등 여러 사람이 체포되었다는 기사가 신문에 실렸습니다.

나는 기사를 읽고 깜짝 놀랐어요. 이재명 의사가 단총을 사용했다면 국적 이완용의 목숨을 확실히 끊었을 텐데, 우리가 간섭해서 무기를 뺏는 바람에 성공하지 못했던 거예요. 나는 한탄했고 끝없이 후회했어요.

11 애국지사들의 체포

일본과 합병되면서 나라의 분위기가 매우 암울해졌습니다. 많은 원로대신과 정부 관리들이 스스로 목숨을 끊기도 했어요. 또한 일본을 배척하는 사상이 교육계에 퍼지기 시작했습니다. 하지만 많은 농민들은 합병이 무엇인지, 나라가 망하는 것이 무엇인지 잘 몰랐어요.

나는 나라를 잃은 아픔을 절실하게 느꼈어요. 하지만 사람이 사랑하는 누군가를 잃으면 슬퍼하면서도 살아날 것이라고 믿는 것처럼, 나라는 망했지만 국민이 힘을 합해 분발하면 나라를 되찾게 될지도 모른다는 생각이 들었어요. 후세들에게 가장 필요한 것은 애국심이라고 생각했어요. 그래서 양산 학교를 확장하고 중소학부에 학생을 더 많이 모집했어요. 또 마음을 쏟으며 교장의 임무를 다했어요.

나라에서는 일본에 대항하기 위한 움직임이 일어나고 있었어요. 국

내뿐만 아니라 나라 밖에서도 정치적 비밀 결사가 조직되었어요. 그것이 바로 '신민회'였지요.

미국에서 귀국한 안창호는 평양에 대성 학교를 만들었어요. 그는 청년들을 가르치는 것을 목표로 내세우면서 안으로는 양기탁, 안태국, 이승훈, 김홍량 등 사백여 명의 사람들과 함께 조직을 만들었지요. 이들이 바로 신민회의 단원들이었어요. 안창호는 이들을 훈련시키고 지도했어요. 이 일로 인해 용산 헌병대에 잡혀 수감되기도 했지요.

일본은 합병한 이후 주요 인물들을 모두 소탕할 계획을 세우고 있었어요. 이를 알게 된 안창호는 미리 비밀리에 황해도 장연군 송천에서 위해위(중국 산둥성 옌타이에 있는 도시로 웨이하이라고도 함)로 갔어요. 그 뒤를 따라 이종호, 이갑, 유동열 동지도 압록강을 건넜지요.

나는 경성(현재 서울)에서 양기탁이 주최하는 비밀회의에 참석하라는 통지를 받았고 얼른 달려갔지요. 양기탁의 집에 모인 사람은 양기탁을 비롯해 이동녕, 안태국, 주진수, 이승훈, 김도희 등이었어요. 사람들이 모두 모이자 양기탁이 말했습니다.

"지금 일본이 경성에 통감부라는 것을 설치해 전국을 통치하고 있습니다. 우리도 경성에 비밀리에 도독부를 설치해 전국을 다스릴 것입니다. 또 만주에 이민을 실시할 것이며 무관 학교를 설립해 장교를 양성하여 광복 전쟁을 일으킬 계획입니다."

"우린 무엇을 하면 됩니까?"

양기탁의 말을 듣고 누군가가 물었어요.

"먼저 이동녕을 만주에 파견할 것입니다. 토지 매수와 가옥 건축 등을 위임할 생각입니다. 참석한 인원으로 각 지방 대표를 뽑을 것이니 따라 주시길 바랍니다."

십오 일 동안 황해도에서 내가 십오만 원을 모았고, 안태국이 평남에서 십오만 원, 이승훈이 평북에서 십오만 원, 주진수가 강원에서 십만 원, 양기탁이 경성에서 이십만 원을 모아 즉각 출발했습니다.

1910년 11월 29일 아침 양기탁의 친동생인 인탁과 그의 부인을 만나 황해도 사리원으로 향했어요. 인탁 부부는 황해남도 재령으로, 나는 다시 황해남도 안악으로 갔습니다.

나는 김홍량과 상의해 토지와 자산을 팔기 시작했어요. 이웃에 사는 동지에게 내 계획을 은밀히 알려 진행하던 중이었지요. 그때 어머니와 친동생 명선을 데리고 서간도(백두산 근처 만주 지역)로 먼저 떠났던 장연이 나를 찾아왔어요. 나중에 도착하는 동지들에게 도움을 주기 위해서 서간도로 가는 것이었지요. 나는 장연에게 서간도로 가는 길을 안내했고, 그는 그리로 출발했습니다.

안악에서 나는 어떤 소문 하나를 듣게 되었어요. 안중근의 동생 안명근이 안악에 와서 나를 여러 번 찾았다는 것이었어요. 하지만 내가 경성으로 가는 바람에 어긋나서 만나지 못한 것이었어요.

그러던 어느 날, 밤중에 안명근이 양산 학교로 찾아와 이렇게 이야기

했습니다.

"저는 해서의 각 군의 부호(재력이 있는 사람)들을 많이 만나 보았습니다. 그들은 모두 독립운동의 자금을 보내겠다고 했지만 신속하게 모으지 않았습니다. 그래서 안악읍 몇몇 부호를 총기로 위협해 다른 지역에도 그 영향이 미치도록 할 생각입니다. 선생께서 지도해 주시길 부탁드립니다."

"앞으로의 계획을 구체적으로 물어봐도 되겠습니까?"

나는 그에게 물었어요.

"황해도 일대 부호들에게 돈을 거두어 동지를 모을 생각입니다. 또 전신 전화를 끊어 버리고 각 군에 퍼져 있는 일본인들은 그 군에서 죽이라는 명령을 발표할 것입니다. 일본 군대가 도착하기 전 오 일간은 자유로울 테니 더 공격할 능력이 없다고 해도 지금 당장의 울분을 풀 수 있지 않겠습니까?"

"그건 안 됩니다."

나는 안명근을 만류했어요.

"여순 사건(1948년 10월 19일 제주 4.3 사건으로 제주도로 파병을 보내려고 하자 일부 국군이 이를 거부하며 봉기를 일으킴) 때문에, 더군다나 같은 혈육으로 피가 끓어 이와 같은 계획을 생각한 것은 이해합니다. 하지만 오 일간 황해도 일대에 일본으로부터 자유를 얻는다 하더라도 더 중요한 것이 이루어지지 않으면 어렵습니다. 그것은 바로 동지의 결속입니다. 동지는 몇 사람이나 얻었습니까?"

나는 안타까운 마음이 들었어요.

"나의 절실한 동지는 몇십 명 안 되지만 이 일에 동의하신다면 사람은 쉽게 구할 수 있을 것입니다."

나는 다시 한 번 간곡하게 말렸습니다.

"큰 전쟁을 일으키려면 인재를 양성하는 것이 가장 먼저입니다. 그렇지 않고서는 성공할 수 없습니다. 일시적인 감정으로는 오 일은커녕 삼 일도 기약하기 어려우니 우선 분한 마음을 참으십시오. 그리고 청년들을 북쪽으로 데리고 가 군사 교육을 실시하는 것이 좋을 것 같습니다."

내 말을 들은 안명근은 고개를 끄덕였어요. 하지만 자신이 생각하는 것과 달랐는지 만족하지 못한 표정이었어요. 그리고 그와 헤어졌습니다.

그리고 며칠 후 안명근이 사리원에서 일본 경찰에게 체포 당해 경성으로 압송되었다는 소식이 신문에 발표되었어요. 신천과 재령 등에서도 연루자들이 체포된 모양이었어요.

1911년 정월 초닷새 양산 학교 사무실에 일본 헌병 한 명이 들어왔어요. 헌병 소장이 나와 면담할 일이 있다고 데려오라고 지시했다는 것이었어요. 그를 따라갔더니 김홍량과 도인권, 이상진, 양성진, 박도병 등 교직원들도 와 있었어요.

"경무총감부의 명령으로 임시 구류에 처한다!"

이삼일 뒤에 우리는 재령으로 이동했어요. 그 뒤에도 황해도 일대의 애국지사들이 대부분 체포되었어요.

이보다 앞서 배천 군수 전봉훈이 나에게 상의를 한 적이 있었어요. 국가의 대세가 기울다 보니 군수란 직책도 분통이 터져서 못 하겠다는 것이었어요. 그는 양산 학교 근처에 집을 한 채 사서 손자 무길의 학업에 힘쓰는 것이 소원이라고 말했어요.

그리고 전봉훈은 소원대로 습락현에 기와집 한 채를 사서 안악으로 이사했지요. 하지만 그가 이사 오던 날 우리는 재령에서 사리원으로, 사리원에서 경성으로 다시 이송되었어요. 전봉훈이 우리의 소식을 듣고 안악으로 이사하던 날 그의 마음이 어땠을까요?

경성으로 이송되던 신석충 진사는 재령강 철교를 건너다가 강에 몸을 던져 목숨을 끊었습니다. 신석충은 해서의 유명한 학자이자 자선가였어요. 나는 신석충의 형제 신석제 진사의 자손 교육 문제로 한 차례 만난 적이 있었지요. 그와 하룻밤을 새우며 이야기를 나눈 것이 전부였지요.

사리원에서 우리를 호송하던 헌병 몇 명이 경성행 기차 안에서 이승훈을 보았어요. 남강 이승훈은 우리가 묶여 끌려가는 것을 보고 다른 사람들이 알지 못하게 차창 밖으로 머리를 내민 채 하염없이 눈물을 흘렸어요. 그리고 기차가 용산역에 도착할 때쯤 형사 한 명이 이승훈에게 인사를 하고 물었어요.

"당신 혹시 이승훈 씨 아닙니까?"

"그렇소."

"경무총감부에서 당신을 부르니 우리와 갑시다."

형사는 기차에서 내리자마자 이승훈을 우리와 같이 끌고 갔어요.

일본이 우리나라를 점령한 후 첫 번째로 국내의 애국자들을 체포한 것이었어요. 황해도를 중심으로는 안명근을 잡아 가두고, 전국 도내의 지식인들과 부호를 일일이 잡아들였어요. 경성에 있는 감옥과 구치소, 각 경찰서 구류소는 잡혀 온 사람들로 가득했어요. 창고와 사무실도 구금소로 사용했어요. 창고 안에 임시로 벌집 같은 감방을 만들었어요. 나도 그곳에 수감되었지요. 한 방에 두 명 이상은 가두기가 어려웠어요.

나는 깊이 생각했어요. 위기 속에서 반드시 지켜야 할 신조가 무엇인지 고민했지요. '드센 바람에 억센 풀을 알고 국가가 혼란할 때 진실한 신하를 안다.'는 옛 가르침과, 사육신, 삼학사가 죽어도 꺾이지 않았다는 고후조 선생의 가르침을 다시 생각했어요.

하루는 신문실에 끌려갔어요.

"네가 무엇 때문에 여기에 왔는지 알겠지?"

나는 이렇게 대답했어요.

"잡아 오니 끌려왔을 뿐 이유는 모른다."

그러자 그들은 다시 묻지 않고 내 손과 발을 묶고 천장에 매달았어요. 처음에는 너무 고통스러웠어요. 하지만 마지막에는 눈 내리는 밤

달빛이 비치는 적막한 신문실 한 모퉁이에 그저 누워 있었어요. 얼굴과 몸에 냉수를 끼얹은 느낌만 날 뿐 그전에 무슨 일이 있었는지 알 수 없었어요.

정신을 차리자 일본 놈은 안명근과의 관계를 물었어요. 나는 아는 친구일 뿐 같이 일한 사실은 없다고 대답했어요. 그놈이 노발대발하며 나를 다시 천장에 매달았어요. 세 놈이 돌아가며 매와 몽둥이로 온몸을 때리기 시작했어요. 나는 또 정신을 잃고 말았어요.

그들이 나를 유치장에 눕혔을 때 이미 날은 밝아 있었어요. 그놈들이 온 힘을 다해 밤을 새우고 일하는 것을 보고 있으니 괴로워 견딜 수 없었어요.

'남의 나라를 한꺼번에 삼킨 저 왜놈들과 밤을 새워 일한 적이 몇 번이었던가? 나라가 망하여 일본 놈들의 지배를 받는 망국노의 근성이 내게 있는 것은 아닐까?'

나는 부끄러운 마음에 눈물을 흘렸습니다. 감방에 있는 애국자들이 끌려갔다가 죽어서 돌아온다는 소식을 들을 때마다 애처롭고 분한 마음을 가라앉힐 수 없었어요.

감방에서 비밀스럽게 이야기가 들려왔어요. 안명근을 신문하자 그는 나와 김홍량 등은 자신과 아무 관계없는 사람이라고 말했다고 전해져 왔어요. 양기탁의 방에서 안태국 방과 내 방으로, 이재림 방 양쪽 이십여 방의 사십 명은 서로서로 비밀스러운 말을 전달했습니다.

12 또 다시 감옥으로

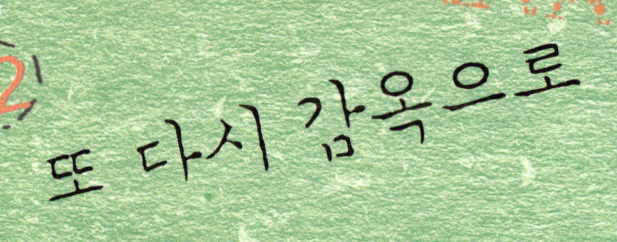

일본 놈들은 사건을 둘로 나누었습니다. 하나는 보안범이고 다른 하나는 살인 모의 및 강도였어요.

하루는 양기탁이 밥을 넣어 주는 구멍에 손바닥을 대고 말했어요.

"우리가 비밀스럽게 나누는 말을 한순직이 전부 고발하니 이제부터 전달하지 맙시다."

안명근의 형은 한순직이 용감한 청년이라고 내게 소개했지요. 그러나 그도 결국 위기 속에서 꺾이고 말았어요. 하지만 그런 사람이 어디 한순직뿐이겠어요? 최명식도 가혹한 고문에 못 이겨 없는 이야기를 하고 말았으니까요. 나는 나의 혀끝에 사람의 목숨이 달려 있다는 것을 깨달았어요.

어느 날, 나는 다시 신문실로 끌려갔어요.

"네 오랜 친구가 누구냐?"

"오인형이다. 그는 장련에서 살았지만 연전에서 죽었다."

그러자 일본 놈은 정신을 잃을 때까지 고문했어요.

"학생 중 누가 너를 가장 잘 따르는가?"

나는 우리 집에 와서 공부했던 최중호의 이름을 댔어요. 순간 내 혀를 자르고 싶었어요.

'젊은 것이 또 잡혀 오겠구나.'

이렇게 걱정하던 차에 창밖을 보니 언제 잡혀 왔는지 반이나 죽은 최중호가 왜경들에 끌려가고 있었어요.

하루는 최고 신문실에 갔어요. 그런데 이런 일이 다 있을까요? 십칠 년 전 인천 경무청에서 심문을 받을 때 방청하다가 내가 호통을 치자 욕을 하면서 몸을 숨기던 와타나베 순사 놈이 있는 게 아니겠어요? 그는 전처럼 검은 수염을 길게 늘어뜨리고 얼굴에는 노쇠한 빛을 띤 채 총감부 기밀 과장의 제복을 입고 있었어요.

"나는 가슴에 엑스 광선을 대고 있어서 너의 일생과 행적, 비밀 모두를 볼 수 있다. 털끝만큼이라도 숨기면 이 자리에서 때려죽일 것이다."

나는 여순 사건 때문에 해주 검사국에서 '김구'라는 제목이 쓰인 책자를 앞에 두고 신문을 당했던 때를 떠올렸어요. 책에는 분명 치하포에서 왜놈을 때려죽인 사건과 인천 감옥에서 탈옥한 일이 기록되어 있을 거라고 생각했어요. 그 사건들은 전국을 떠들썩하게 했으니까요.

나는 와타나베의 말이 정말인지 시험할 생각으로 이렇게 말했어요.

"나는 헌신적으로 생활을 한 탓으로 말 하나 행동 하나가 모두 공개되었다. 그렇기 때문에 비밀이 있을 수 없다."

내 말을 듣던 그는 버럭 소리를 질렀어요.

"종교와 교육은 겉으로 보이는 것일 뿐이고, 그 뒤에 불순한 음모가 있다는 것을 우리가 모를 거라고 생각하는가? 서간도에 무관 학교를 설립해서 독립 전쟁을 준비하던 것, 안명근과 공모해 총독을 암살하기 위해 부자들의 돈을 빼앗으려 했던 것! 우리 경찰은 이 모든 것을 훤하게 알고 있는데도 끝까지 숨기려하느냐!"

"안명근과는 아무 관계가 없다. 서간도에 농가를 옮겨 살 수 있도록 만들어 주려는 것일 뿐이다. 그리고 학교 개학 시기가 지났으니 빨리 내려가 학교를 운영할 수 있게 해 달라."

내 말을 가만히 듣던 와타나베 순사는 고문도 하지 않고 나를 유치장으로 보냈어요. 치하포 사건(명성황후를 시해한 일본에 보복하기 위해 김구가 일본군 중위를 살해한 사건)은 세상이 다 아는 사건이었어요. 이번 총감부 경찰 한 명이 안악까지 가서 조사했으니 그 사실이 발각된다면 내 목숨은 끝이라고 생각했어요. 하지만 와타나베는 모르는 것 같았어요.

나는 나라가 망해도 인민은 망하지 않았다고 생각했어요. 나는 평소 한국 사람을 정탐하는 놈들을 몹시 미워해서 공격하곤 했어요. 하지만 내게 공격을 받았던 정탐배는 자기가 잘 아는 그 사실만은 왜놈에게 밀고하지 않고 비밀을 지켜 준 것이었어요.

신문을 일곱 번 당했지만 와타나베 놈만 나를 때리지 않았어요. 여섯 번은 매번 정신을 잃은 후에야 유치장으로 끌려왔지요. 끌려올 때 나는 각방 동지들에게 힘을 북돋아 주기 위해 이렇게 소리쳤어요.

"나의 생명은 빼앗을 수 있지만 내 정신은 빼앗지 못할 것이다!"

그럴 때마다 일본 놈들은 때리겠다고 위협했지만 동지들은 더욱 굳센 마음을 가지게 되었어요.

여덟 번째 신문에서는 각 과장과 주임 경시 일고여덟 명이 나란히 앉아 위협했어요. 제대로 말하지 않으면 당장이라도 때려죽이겠다는 것이었어요.

"나를 논밭의 자갈돌로 알고 파내려는 그대들의 노력보다, 파내어지는 나의 고통이 더욱 심하니 내가 자결하는 것을 잘 봐라!"

나는 머리를 기둥에 들이받고 정신을 잃고 쓰러졌어요. 놈들은 내 얼굴에 냉수를 끼얹었어요. 그때 한 놈이 능청스럽게 부탁했어요.

"김구는 조선인 중에서 존경받는 인물인데, 이렇게 대우하는 것은 옳지 않습니다. 그러니 저에게 위임해 신문하게 해 주십시오."

승낙을 얻은 그는 나를 자기 방으로 데려가 특별 대우를 해 주었어요. 담배도 주고 존대도 했지요. 총감부에 김구의 신분을 모르는 사람들 때문에 고문을 많이 당한 것 같다는 둥, 신문도 순하게 해야 사실을 말하는 사람이 있고 고문해야 말하는 사람이 있는데 실례가 많았다는 둥, 그는 능청스럽게 말했어요.

왜놈이 신문을 하는 방법에는 대략 세 가지 수단이 있었어요.

첫째, 가혹한 고문이에요. 채찍과 몽둥이로 마구 때리거나 두 손을 등에 포개고 오랏줄로 결박해 천장의 쇠고리에 걸어 올리는 것, 화로에 쇠막대기를 즐비하게 늘어놓아 벌겋게 달군 후 그것으로 온몸을 지지는 것, 손가락 크기의 마름모꼴 나무 세 개를 세 손가락 사이에 끼우고 나무 양끝을 노끈으로 동여매는 것, 거꾸로 매단 후 콧구멍에 냉수를 부어 넣는 것 등이 그것이에요.

둘째는 굶기는 것이에요. 신문할 때 음식을 반으로 줄여 생명만 유지하게 해 놓고 친척이 사식을 부탁해도 신문 주임의 허가를 받지 못하면 도로 내보냈어요.

마지막은 온화한 방법을 쓰는 거예요. 좋은 음식도 대접하고 극진히 공경하며 점잖게 대우하는 것이지요. 가혹한 고문을 참아낸 자도 그 자리에서 실토하는 경우가 있어요.

나도 신체 고문은 참았지만 두 번째와 세 번째는 참기가 매우 어려웠어요. 처음엔 밥을 안 먹고 돌려보내기도 했는데 많이 맞은 날이면 밥이 매우 달게 느껴졌어요. 사식을 가지고 사람들이 나를 찾아오면 왜놈들은 매번 돌려보냈어요. 내 건강은 말이 아니었어요.

쇠막대기로 맞을 때는 매번 알몸으로 매를 맞았어요. 살이 벗겨질 뿐 아니라 온전한 살가죽도 남지 않았어요. 이런 때에 다른 사람들이 고깃국과 김치 냄새를 풍기면 먹고 싶어 미칠 것 같았어요. 이러다가 인간

의 본성은 사라지고 짐승의 본능만 남는 것은 아닐까 자책하던 때에 나를 극진히 우대하면서 신문한 것이었어요.

그는 식민 백성이라고 인정만 하면 즉각 총독에게 보고해 고통을 면하게 해 주겠다고 말했어요. 또 일본인만으로 조선을 통치하는 것이 아니라 덕망이 있는 조선인을 정치에 참여시키려 하는 것인데 당신 같은 사람이 왜 정세를 바로 보지 못하느냐며 얼른 안명근 사건과 서간도 사건을 실토하라고 설득했어요.

"당신이 나를 인정한다면 내가 진술한 것도 인정하라."

그러자 그놈은 예의 있는 모습이었지만 내 말에 언짢은 표정을 지었어요. 그리고 나를 돌려보냈어요.

그 후 나는 종로 구치감으로 넘어갔어요. 왜놈이 내게 형을 매긴다면 '보안법 위반'으로 이 년밖에 내릴 수 없었어요. 그래서 안명근 강도 사건에 억지로 나를 엮어 볼 생각인 것 같았어요. 하지만 나는 그때 경성에 있었다는 확실한 증거가 있었지요.

어머님은 상경해서 사식을 날마다 들여보내시고 편지로 소식도 알리셨어요. 두 살 배기 딸 화경과 아내도 곧 올라온다고 하셨지요. 그리고 곧 재판이 열렸어요. 어머님이 화경이를 업고 아내와 같이 기다리고 있는 것을 보면서 나는 법정으로 끌려갔어요.

맨 앞에 안명근, 김홍량이 앉았어요. 나는 제3차에 앉았고 이승길, 배경진 등 사십 명이 출석했어요. 방청석을 둘러보니 각 학교 학생과

각 사람의 친척, 친구가 모여 있었어요. 변호사들과 신문 기자들도 참석했어요.

대강 신문을 마친 후 판결이 나왔어요. 안명근은 종신 징역, 나와 김홍량 외 일곱 명은 십오 년 형을 받게 되었어요. 이른바 '강도 사건'으로 선고된 것이었어요. 우리는 며칠 후 서대문 감옥으로 옮겨졌습니다. 동지들과 함께 있으니 위로가 되었어요.

나는 내 심리 상태가 체포 후에 크게 달라졌다는 것을 깨달았어요. 이는 와타나베 놈이 나를 십칠 년 전의 김창수인 것도 모르고 대담하게 내 모든 것을 알고 있다며 협박했을 때 생긴 것이었어요. 태산처럼 크게 보이던 왜놈이 그때부터 겨자씨처럼 작아 보였어요. 마음은 점점 강해져 왜놈에게 국권을 빼앗긴 것은 운이 나빴을 뿐이지, 일본은 조선을 영원히 통치할 자격이 없다는 생각이 확실하게 들었어요.

나뿐만 아니라 동지들의 심리 상태도 크게 변했어요. 그중 고정화는 험상궂게 생긴 자인데 옥중에서 관리를 괴롭히기로 유명했어요. 그는 음식을 먹다가 밥에 돌이 씹히면 땅에서 흙을 주웠어요. 그리고 이를 밥과 섞은 뒤 옥관에게 면회를 청해 자기가 받은 일 년 징역을 종신형으로 고쳐 달라고 말했어요. 그 이유에 대해선 다음과 같이 말했어요.

"인간은 모래를 먹고 살 수 없는데 내가 먹는 밥 한 그릇에서 골라낸 모래가 밥의 분량과 비슷하다. 이것을 먹으면 나는 반드시 죽을 것이다. 기왕 죽을 거 징역이나 무겁게 지고 죽는 것이 영광스럽다. 일 년도

종신이요, 종신도 종신이 아닌가?"

결국 옥관은 식당 간수를 불러 꾸짖고 밥에 모래가 들어가지 않도록 잘 지으라고 명령했어요.

내가 서대문 감옥에 갇힌 지 며칠 후 또 중대한 사건이 발생했어요. 이른바 '제2차 뭉우리 돌 줍는 사건' 이었어요. 제1차는 황해도 안악을 중심으로 사십여 명 인사를 타살, 징역, 유배의 세 종류로 처결했어요. 그런데 이번에는 평안도 선천을 중심으로 애국 인사를 일망타진하여 백오 명을 검거하고 취조했어요. 이미 1차에서 이 년 형을 받고 있던 양기탁, 안태국, 옥관빈과 유배형에 처해 졌던 이승훈까지 다시 집어넣고 신문하기 시작했어요. 일본은 이 년의 징역형이 부족하다 생각해 좀 더 형을 늘리자는 야만적인 생각을 했던 거예요. 나와 김홍량도 이 년을 더해 십칠 년의 징역을 지게 되었어요.

어느 날 어머님이 면회를 오셨어요.

"우리 세 식구는 잘 있다. 우리 걱정 말고 네 몸이나 잘 보전해라. 식사가 부족하면 하루에 두 번씩 사식 넣어주랴?"

나는 반가운 마음이 들었어요. 하지만 저리 씩씩한 절개를 지닌 어머님께서 원수 같은 왜놈에게 자식을 보여 달라고 부탁했을 생각을 하니 죄송한 마음이 들었어요. 나는 어머님이 어찌 저리 강인하신지 참 대단하다고 생각했지요. 하지만 나는 어머님께 한마디도 하지 못하고 다시 감방으로 끌려왔어요.

13 옥중 생활의 고통

옥중 생활을 일일이 기록하기는 어렵지만 그때 내가 본 것과 생활하던 일에 대해 말하고자 합니다.

잡혀 온 사람들은 판결을 받기 전까지 자기 옷을 입었어요. 하지만 자기 옷이 없으면 청색 옷을 입었지요. 그러다 복역할 때부터 붉은 옷을 입는데 조선 복식으로 만들어 입었어요. 겨울부터 봄까지는 면 옷을 입히고 봄부터 겨울까지는 얇은 홑옷을 입히는데, 병든 사람에게는 흰옷을 입혔어요.

식사는 하루 세 번 주었어요. 각기 그 지방에서 아주 싼 곡물을 선택하기 때문에 각 감옥의 음식은 동일하지 않았어요.

당시 서대문 감옥은 콩 5할, 좁쌀 3할, 현미 2할로 밥을 지었어요. 감옥 바깥에 있는 식당 주인이 수인(감옥에 갇혀 있는 사람) 친척의 부탁으로 배식 시간마다 밥과 한두 가지 반찬을 가져오면 간수가 검사해서 일자(一者)를 박은 통에 밥을 뭉쳐 나누어 주었어요. 그리고 사식을 먹는 수

인들을 한곳에 모아 먹게 했어요.

　밥과 반찬을 나누어 준 후 간수가 머리를 숙이는 인사인 고두례를 시켰어요. 수인들은 간수의 호령에 무릎을 꿇고 무릎 위에 두 손을 올린 채 머리를 숙였어요. 왜놈 말로 "모도이(바로)" 하면 머리를 일제히 들었다가 "키반(밥 먹어)"이라는 말을 해야 밥을 먹을 수 있었어요.

　수인들에게 경례를 시키는 간수는 이렇게 말했어요.

　"식사는 천황이 너희 죄인을 불쌍히 여겨서 주는 것이니, 머리를 숙여 천황에게 예를 하고 감사의 뜻을 표하라."

　그런데 간수가 '경례'라고 말할 때 수인들이 중얼거리곤 했어요. 나는 그게 이상했어요.

　'천황이 밥을 준다니까 천황에 대한 감사 인사를 하는 것인가?'

　그래서 친한 수인들에게 물어보니 그는 이렇게 말했어요.

　"당신, 일본 법전을 보지 못했소? 천황이나 황후가 죽으면 사면이 내려져 각 죄인들을 모두 풀어 준다고 하지 않습니까? 그래서 하느님께 '메이지란 놈을 즉사시켜 주십시오.' 하고 기도한 겁니다."

　이 말을 듣고 매우 기뻤어요. 그리고 나도 그렇게 하겠다고 대답했지요. 그 후부터 나도 매번 식사할 때마다 '나에게 전능을 베푸시어 동양의 대죄인 왜놈의 황제를 내 손에 죽게 해 주시옵소서.' 하고 하느님께 기도했어요.

　수인들 중에는 종종 밥을 먹다가 벌을 받는 사람이 있었어요. 남에게

내 밥을 주거나 남의 밥을 내가 얻어먹다가 간수에게 걸리면 삼 일 또는 칠 일간 무거운 벌이 내려졌어요. 간수 놈들이 수인을 죽지 않을 만큼 때린 밥도 줄여서 주었어요.

이 점에 대해 깊이 생각해 보았어요. 겉으로는 나도 붉은 옷을 입은 복역수였지만 정신적으로는 결코 죄인이 아니었어요. 왜놈이 말하는 일본의 식민 백성도 아니었지요. 나는 죽으나 사나 당당한 대한의 애국자였어요.

나는 하루에 한 끼 혹은 두 끼의 사식을 먹었어요. 밥이 부족해 배고파하는 수인들에게 나누어 주었고 나는 한 끼라도 자양분 있는 음식을 먹었어요. 건강에는 큰 문제가 없을 것이라 생각했어요. 매번 내 옆에서 밥을 먹는 수인의 옆구리를 쿡 찌르면 그 사람은 알아차리고 빨리 자기 밥을 다 먹은 뒤 내 앞에 빈 그릇을 놓았어요. 그러면 내 밥그릇을 그 사람에게 주었지요. 간수 놈이 보기에는 나는 밥을 빨리 먹고 앉아 있는 것처럼 보였을 거예요.

나는 최명식과 너무 오래 격리되어 있었어요. 울적한 마음을 풀기 위해 같은 방에서 같이 지낼 계획을 세웠어요. 그것은 옴(피부병의 일종)을 만들어서 수인을 관리하는 의사에게 진찰을 받아 같은 방에서 지낼 수 있도록 하는 것이었어요. 옴을 만드는 방법은 간단했어요. 우선 가는 철사를 얻어서 끝을 갈아 뾰족하게 만들었어요. 의사가 각 공장과 감방

서대문형무소 옥사

으로 돌아다니며 병든 수인을 진찰하기 삼십 분 전에 철사 끝으로 좌우 손가락 사이를 꼭꼭 찔러두었어요. 그러면 찌른 자리가 옴과 같이 솟아오르고 그 끝에서 맑은 물이 나왔어요. 누가 보든지 옴으로 오해할 수 있었어요. 나는 그 방법을 쓴 뒤 진찰을 받았어요. 그리고 결국 최명식과 한 방에서 지낼 수 있었어요.

  그날 저녁 서로 많이 그리워했던 까닭에 우리는 오랫동안 이야기를 나누었어요. 그러다가 사토라는 간수 놈에게 발각되고 말았어요. 누가 먼저 말을 했냐고 묻기에 내가 먼저 이야기했다고 대답했어요. 그는 창살 밑으로 나오라고 했어요. 내가 나가자 그는 곤봉으로 마구 때리기

시작했어요. 나는 아무 소리 내지 않고 한참을 맞았어요. 그때 맞은 상처로 왼쪽 귀의 연골이 상해 짝짝이 귀가 되었어요. 그 일본 놈은 최명식에게 한 번 더 이야기하면 때려줄 것이라고 소리치고 돌아갔어요.

이렇게 일부러 옴을 만들어 방을 옮긴 이유가 있었어요. 감방에 수인의 수가 너무 많았기 때문이었어요. 앉았을 때는 마치 그릇에 콩나물 대가리 나오듯이 있다가 잘 때에는 한 사람이 머리를 동쪽으로 두면 다른 사람이 머리를 서쪽으로 두면서 누웠어요. 더 누울 자리가 없으면 나머지 사람들은 일어섰어요.

그리고 좌우에 한 사람씩 힘센 사람이 판자벽에 등을 붙이고 두 발로 먼저 누운 사람의 가슴을 힘껏 밀었어요. 그러면 누운 사람들은 "아이고, 가슴뼈 부러진다." 하고 아우성쳤지요. 그제야 누울 자리가 생기면서 있던 사람이 그 사이에 드러누웠어요. 이렇게 몇 번을 해야 밀어 주던 사람까지 겨우 누울 수 있었어요. 꼭 방이 부서질 것 같았어요.

힘껏 밀 때는 사람의 뼈가 상하는 소리인지, 판자벽이 부러지는 소리인지 우두둑하는 소리에 소름이 돋곤 했어요. 그럴 때마다 감독하는 간수 놈들은 개 짖듯이 떠들지 말라면서 방 안을 들여다보았어요. 나이가 많은 몇몇 사람은 가슴뼈가 상해 죽고 말았어요.

하루 종일 힘든 일을 하기 때문에 수인들은 이렇게 끼어서도 잠이 들었어요. 그러다가 가슴이 답답해서 잠이 깨면 다른 사람들에게 방향을 바꾸어 자자고 묻지요. 다른 사람들이 동의하면 남쪽으로 자던 사람은

북쪽으로, 북쪽으로 자던 사람은 남쪽으로 일제히 돌아누웠어요. 그것은 그저 고통을 바꾸는 것이었어요.

서로 입을 대고 자는 사람도 많았어요. 약한 사람은 사람 위에 올라가 이리저리 굴러다니다 날을 새기도 했어요. 이것이 옥중의 하룻밤이었어요.

여름, 겨울 이 두 계절이 가장 힘들었어요. 여름철에는 수인들의 호흡과 땀에서 증기가 피어올라 서로의 얼굴을 분간할 수 없었어요. 수인들이 가장 많이 죽는 때가 바로 이 여름철이었어요.

겨울에는 솜이불을 네 장밖에 주지 않았어요. 스무 명의 사람들이 네 장으로 겨울을 보내야 했지요. 턱부터 겨우 무릎 아래까지 덮을 수 있었기 때문에 발과 무릎은 동상에 걸렸어요. 귀와 코도 얼었고, 발가락과 손가락이 물러 터져 불구가 된 수인도 많았어요.

감방에서 소리가 들리면 간수 놈들은 누가 말을 했냐고 물어보았어요. 말을 한 사람이 고백하지 않고 누군가가 고발하지도 않으면 그들은 여름에는 방문을 닫아 버리고 겨울에는 방문을 열어 놓았어요.

감옥 생활에서 제일 고생을 많이 하는 사람은 키가 큰 사람이었어요. 내 키가 5척 6촌(약 170센티미터) 정도였지만 잘 때 종종 발가락이 남의 입에 들어가기도 하고 더 춥기도 했어요. 그래서 짜낸 계획이 옴을 만들어 최명식과 같은 방에 거주하는 것이었지요.

그러나 일본 놈들의 구속은 더 심해졌어요. 아침에 일어나는 것도 마

음대로 일어나지 못했어요. 반드시 일정한 시간에 모두 일어나게 했어요. 그런 다음 간수들은 각 방의 수인을 무릎을 꿇고 앉게 했어요. 그리고 "기오츠케(차렷)!"를 외치면 수인들은 일제히 머리를 숙여야 했어요. 그리고 한 놈이 맨 앞에 앉은 수인의 번호부터 읽는데 수인들은 자기 번호를 들으면 "하이(예)!" 하고 머리를 들어야 했지요.

수인들은 잘 때 입었던 옷을 벗어 정리하고 수건으로 허리 아래를 가린 채 알몸으로, 멀면 백 보, 가까우면 오십 보 거리에 있는 공장으로 천천히 걸어갔어요. 공장에 도착하면 각각 자신의 작업복을 입고 또 줄을 서서 쪼그려 앉았지요. 그러면 일본 놈들은 수인들이 모두 왔는지 확인하고 세면을 시켰어요. 그다음 아침밥을 먹고 곧 일이 시작되는데 일의 종류는 철공, 목공, 직공, 새끼 꼬기, 김매기, 빨래, 밥 짓기 등이었어요. 품행이 바르다고 여겨진 수인은 청소부와 병동의 간호부, 취사장의 취사부로 뽑아 갔어요.

공장에서 일을 마친 후 저녁을 먹고 감방으로 들어올 때에도 역시 작업복을 벗고 알몸에 수건만 두르고 들어왔어요. 그리고 번호를 점검한 뒤 앉아 있다가 정해진 시간에 자게 했어요.

구속을 지나치게 하면 할수록 수인들의 마음도 나쁘게 변했어요. 횡령이나 사기죄로 들어온 사람들은 절도나 강도질을 연구해서 출옥 후에 더 무거운 형을 받아 다시 들어오기도 했어요. 지금 감옥은 일본의 통제를 받고 있지만 내 민족이 감옥을 다스린다면 이런 식의 감옥은 아

무런 효과도 없을 것이라고 생각했어요.

    나중에 우리나라가 독립을 한다면 감옥 간수부터 대학 교수에게 맡기고 죄인을 죄인으로 보기보다는 국민의 일원으로 보아 선으로 지도할 것이며, 사회에서도 감옥살이를 한 사람이라고 멸시하지 말고 대학생의 자격으로 대우해야 감옥의 가치가 있을 것 같았습니다.

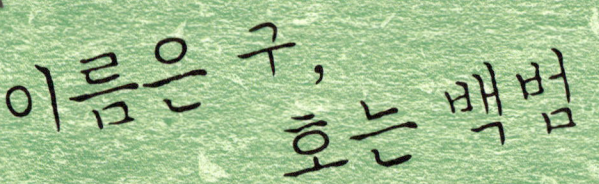

14 이름은 구, 호는 백범

나는 서대문 감옥에서 삼 년을 보냈습니다. 남은 기간은 이 년이었지요. 이때부터 마음속으로 밖으로 나가면 무슨 일을 할까 밤낮으로 고민했어요.

왜놈은 나를 '뭉우리돌'이라고 불렀어요. '뭉우리돌'이라고 불린 사람 중에는 왜놈의 감옥에서 인간으로는 당하지 못할 학대와 욕을 듣고도 세상에 나가서 오히려 왜놈에게 순종하며 남은 목숨을 이어가는 자도 있었어요. 이것은 그들이 다시 세상이라는 바다에 던져졌을 때 굳은 의지가 사라지기 때문이었어요.

그래서 나는 다시 세상으로 나가는 것에 대해 걱정이 많았어요. 만일 나도 의지가 사라져 버리면 어쩌나 불안했어요. 만일 그렇게 된다면 이러한 굳은 마음을 품은 채로 죽는 게 좋지 않을까 생각했어요.

그래서 결심의 표시로 이름을 '구(九)'라고 하고, 호를 '백범(白凡)'이라 고쳐서 동지들에게 알려 주었어요. 구(龜)를 구(九)로 고친 것은 왜의

호적에서 벗어나기 위함이었어요. 또 백범이라 고친 것은 범부(평범한 사람)라도 애국심이 지금의 나 정도는 되어야 완전한 독립 국민이 될 수 있을 것이라는 생각 때문이었어요.

복역 중에 뜰을 쓸 때나 유리창을 닦을 때 나는 하느님께 이렇게 기도했어요.

'언젠가 우리가 독립 정부를 건설하게 된다면 나는 그 집의 뜰도 쓸고, 창문도 닦는 일을 해 보고 죽고 싶습니다.'

나는 서대문 감옥을 떠나 인천에 있는 감옥으로 가게 되었어요. 한 왜놈과 싸운 적이 있는데 그놈이 힘든 일을 시키는 인천 축항 공사로 보냈기 때문이었어요.

서대문에는 동지들이 많아 위로가 되었고 일을 하는 데도 조금 편했지요. 그나마 쾌활한 생활을 했다고 할 수 있는 이곳을 떠나야 했어요. 철사로 허리를 묶인 채 인천 감옥 앞에 도착했어요. 1898년 3월 9일 한밤중에 탈옥한 이 몸이, 십칠 년 후에 철사에 묶여 다시 이곳에 올 줄 누가 알았을까요?

감옥은 새로운 감방을 더 만들어 놓은 상태였어요. 하지만 옛날에 내가 글을 읽던 방과 걷던 뜰은 그대로였어요. 마치 죽었다가 몇십 년 후에 다시 살아나서 태어난 고향에 돌아온 듯한 기분이었어요. 옥중에 갇힌 불효자식을 보기 위해 감옥 뒷담 너머 용동 마루턱에서 날마다 우두커니 서 계시던 아버지의 모습이 보이는 것 같았어요. 그러나 세상이

바뀌고 시대가 변했기 때문에 지금의 김구를 옛날 김창수로 생각하는 사람은 없을 것이라고 생각했어요.

감방에 들어가자 서대문에서 먼저 이감된 낯이 익은 사람 몇 명이 보였어요. 그중 한 사람이 내 곁에 다가와 앉으며 물었어요.

"낯이 매우 익은데, 당신 혹시 김창수 아닙니까?"

나는 깜짝 놀랐어요. 자세히 살펴보니 십칠 년 전에 절도로 십 년의 징역을 받았던 문종칠이었어요. 나이는 많이 먹었지만 젊었을 때의 얼굴 그대로였어요. 다만 전에는 없던 구멍이 이마에 쑥 패여 있었어요. 나는 잠시 머뭇거렸어요.

그는 내 얼굴을 자세히 보더니 말했어요.

"지금 내 얼굴에 구멍이 없다 생각하고 보면 아실 겁니다! 나는 당신이 탈옥한 후에 죽도록 매를 맞은 문종칠입니다."

"네, 알 것 같습니다."

나는 그가 밉기도 하고 무섭기도 했지만 반갑게 인사를 했어요.

문종칠이 물었어요.

"당시 항구를 들썩이게 만들 정도로 충신이었던 사람이 이번엔 무슨 사건으로 들어오셨소?"

"십오 년 강도입니다."

내 대답을 듣던 그는 입을 삐죽거리며 말했어요.

"충신과 강도는 어울리지 않군요. 그때 당신이 우리 같은 도적놈들

과 같이 지낼 수 없다고 경무관까지 나무라지 않았습니까?"

나는 그의 말을 부정하지 않았어요. 오히려 그에게 빌붙었어요.

"충신 노릇도 사람이 하고 강도도 사람이 하는 것 아닙니까? 한때는 그렇게 놀고 한때는 이렇게도 노는 것이지요. 그런데 당신은 어째서 다시 감옥에 들어오셨습니까?"

"일곱 번째 감옥에 들어왔어요. 일생을 감옥에서 보내게 생겼소."

"얼마 더 있어야 합니까?"

"강도로 칠 년을 받았는데 이제 오 년이 되었어요. 반년 후엔 다시 나갔다가 또 돌아오겠지요."

"그런 끔찍한 말씀은 하지 마세요."

내가 말하자 그가 이렇게 대답했습니다.

"돈 없는 장사는 거지와 도적일 뿐입니다. 더욱이 도적질에 입맛을 붙이면 별 수가 없어요. 당신도 여기서는 별 꿈을 다 꾸겠지만 사회에 나가 보십시오. 도적질하다가 징역 산 놈이라 하면 누가 받아 줍니까? 개 눈에는 똥만 보인다는 말처럼 도적질해 본 놈은 거기만 보여요. 다른 곳은 보이지도 않는답니다."

나는 서대문 감옥에서 도적질을 하다가 중형을 선고받고 복역 중인 사람을 본 적 있어요. 그는 가벼운 횡령죄를 지고 들어온 사람을 만났는데 그 사람을 고발해 종신형을 받게 하고 자신은 그 공로로 형을 감량받아 감방 수인들에게 질타를 받았지요.

조금이라도 문종칠의 심기를 건드리면 감옥에 대해 눈치가 훤한 그가 괴팍한 행동을 할 가능성은 충분했어요. 징역 삼 개월도 살아 보지 않았던 내게 십칠 년이나 징역살이를 지워 준 왜놈들인데, 그놈들이 만약 내가 자신들의 군관을 죽이고 탈옥했던 사람이라는 사실을 알게 된다면 그때가 마지막이 될지도 모를 일이었어요.

체포된 직후에 이 사실이 발각되었다면 나는 죽든지 살든지 마음 편하게 지냈을 거예요. 하지만 이제 나가려면 겨우 일 년 남았고 이제껏 당하지 못할 욕과 감당하기 어려운 고문을 다 이겨 냈기 때문에 포기할 수 없었어요. 세상에 나갈 희망을 가졌기 때문이에요. 만약 문종칠이 발설하게 되면 나는 그렇다 해도 늙은 어머님과 어린 처자는 또 얼마나 큰 고통을 겪겠어요?

그래서 나는 문종칠에게 매우 친절하게 대했어요. 집에서 사식을 보내 줄 때마다 그에게 나누어 주었지요. 문종칠이 내 곁에 오기만 하면 감옥 밥이라도 그에게 내주었어요. 그러다 문종칠이 먼저 감옥을 나가게 되었지요. 나는 내가 출옥하는 것만큼 시원함을 느꼈어요.

아침저녁으로 다른 수인과 쇠사슬을 허리에 마주 매고 축항 공사장으로 일을 나갔어요. 흙 지게를 등에 지고 십여 장의 높은 사다리를 밟고 오르내렸어요. 서대문 감옥 생활은 정말로 누워서 떡 먹기였다는 생각을 했어요.

불과 반나절 만에 어깨가 붓고 등창(등에 난 부스럼)이 나고 발이 부어

올라 움직일 수가 없었어요. 그러나 어찌 할 도리가 없었어요. 무거운 짐을 지고 사다리를 올라갈 때 여러 번 떨어져 죽을 결심을 했어요. 나와 쇠사슬을 마주 맨 사람은 인천항에서 남의 구두나 담뱃갑을 훔친 죄로 두세 달 징역을 받은 수인이었어요. 내가 떨어진다면 이 사람까지 함께 떨어질 텐데 이 사람까지 죽게 할 수는 없었어요. 나는 잔꾀를 부리지 않고 죽을힘을 다해 일하기로 생각을 고쳐먹었어요. 몇 달 후 나는 상표를 받았어요.

감옥 문밖의 왼쪽 첫 번째 집은 박영문의 물상객주 집이었어요. 십칠 년 전에 부모님이 그 집에 계실 때 박씨가 나를 많이 도와주었지요. 아버님과 동갑이었던 그는 부모님과도 매우 친밀하게 지냈어요. 그런데 그 노인이 우리가 들어가고 나오는 것을 보고 있었어요. 나는 내 은인이자 아버님과 동갑이신 그 노인에게 가서 절을 하고 싶었어요.

"김창수입니다."

이렇게 인사하면 노인께서 얼마나 기뻐하실까요?

왼쪽 맞은편 집도 역시 물상객주인 안호연의 집이었어요. 안씨 역시 나와 부모님께 극진한 정성을 다하던 노인이었어요. 그도 그 집에 그대로 살고 있었어요. 나는 감옥 문을 출입할 때마다 마음으로 절을 하고 다녔어요.

15 고향으로 돌아가다

푹푹 찌는 여름의 어느 날, 갑자기 모든 수인들을 교회당에 집합시켰어요. 분감장인 왜놈이 좌중을 향해 외쳤어요.

"오십오 번! 앞으로 나와라."

내가 단상으로 나가자 가출옥으로 방면한다고 선언했어요. 나는 꿈인지 생시인지 모를 표정으로 수인들을 향해 절을 하고 곧바로 사무실로 향했어요. 그들은 내게 흰옷을 한 벌 내주었어요. 나는 얼른 갈아입었습니다. 붉은 옷을 입은 죄수가 흰옷을 입은 사람으로 변한 것이었어요.

나는 감옥을 나왔어요. 그리고 감옥에서 친하게 지내던 중국인을 찾아가 밤을 지내고 이튿날 아침 전화국에 가서 안악으로 전화를 걸었어요. 안악국에서 전화를 받은 직원이 내 이름을 물었어요.

"김구요."

"선생님, 옥에서 나오셨나요?"

"네, 지금 차를 타러 가는 중입니다."

"그러면 제가 댁에 가서 말씀드리겠습니다."

전화국 직원은 내 제자였어요.

그날 경성역에서 경의선 차를 탔고, 신막(황해도 서흥군)에서 하루를 보냈어요. 그리고 이튿날 사리원으로 갔습니다. 신작로에는 수십 명의 사람들이 있었어요. 그 앞에 어머님이 계셨어요. 어머님은 내 걸음걸이를 보시고 눈물을 흘리셨어요.

"너는 오늘 살아 돌아왔지만 너를 사랑하고 늘 보고 싶어 하던 네 딸 화경이는 서너 달 전에 죽었단다. 네 친구들이 네게 알릴 것 없다고 하기에 아무 연락도 하지 않았다. 일곱 살도 안 된 어린 것이 죽을 때 '나 죽었다고 옥에 계신 아버지께 연락하지 마세요. 아버지가 들으면 얼마나 속상하시겠어요.' 하더라."

나는 곧바로 화경이가 묻혀 있는 안악읍 동산 공동묘지로 향했어요. 그리고 돌아오는 길에 안신 학교에 들렀습니다. 그때까지 아내가 안신 여교에서 사무를 보고 있었어요.

1971년 2월에 나는 동산평으로 이사를 했어요. 나는 어머님께 소작인들 중 뇌물을 가지고 오는 사람이 있으면 모두 거절하라고 부탁했어요. 그러나 연초와 닭, 생선, 과실 등 물건을 가져오는 사람들이 있었어요. 그들은 그것을 주고 내게 소작지를 요청했어요. 나는 그들에게 말

했습니다.

"그대가 빈손으로 왔으면 생각해 봤을지도 모릅니다. 뇌물을 가지고 와서 요청하면 나는 듣지 않을 것이니 물건은 도로 가져가고 나중에 빈손으로 다시 찾아오십시오."

"뇌물이 아닙니다. 선생께서 새로 오셨는데 빈손으로 오기가 민망했을 뿐입니다."

"그대 집에 이런 물건이 많으면 굳이 남의 토지를 빌려 소작할 것 없지 않겠습니까? 그대의 소작지는 다른 사람에게 주겠습니다."

그들은 내 말을 듣고 어찌할 바를 몰라 했어요.

"이것은 전에 감관님에게 우리가 항상 해 오던 것들입니다."

"이전 감관이 어떻게 했는지 모르지만 지금 나에게 그런 방법은 아무 소용이 없습니다."

나는 이 말을 하고 그들을 돌려보냈어요.

그리고 나는 소작인 준수 규칙을 반포하고 이를 시행했어요. 날마다 일찍 일어나서 소작인의 집을 찾아갔어요. 늦잠을 자는 자가 있으면 깨워서 집안일을 시켰지요. 더러운 집이 있으면 깨끗하게 청소하게 했어요. 땔감을 마련하게 하고 짚신 삼는 일과 자리(바닥에 까는 것)를 짜는 일을 시키기도 했지요.

소작인들의 '근만부(근태를 기록하는 장)'도 작성했어요. 부지런한 농민에게는 후한 상을 주었고, 게으른 사람에게는 게으름을 고치지 않을 경

우 경작권을 주지 않겠다고 경고했어요.

예전에 추수 때는 채무자가 곡물을 다 가져가고 농민들은 타작 기구만 들고 집으로 돌아가야 했지요. 하지만 나는 그렇게 하지 않았어요. 곡식 포대를 자기 집으로 가져가 쌓아 두게 했어요. 농가 부인들은 고마웠는지 나를 극진히 대했어요. 그리고 자연스럽게 도박의 풍습도 사라졌지요.

그러던 어느 날, 셋째 딸 은경이가 세상을 떠났어요. 처형도 돌아가셔서 공동묘지에 함께 묻었습니다. 그리고 1918년 11월에는 인(仁)이 태어났어요. 인이가 배 속에 있을 때 어머님과 여러 친구들은 아들이기를 바랐어요. 내 나이가 마흔이었고 누이도 없는 독자였기 때문에 자식이 없을까 봐 걱정했습니다. 김용승 진사는 아이의 이름을 김린이라고 지어 주었어요. 하지만 왜의 호적에 등록해야 했기 때문에 다시 인(仁)으로 고쳤어요.

인이 태어난 지 석 달 되던 때는 추위가 지나고 따사한 봄바람이 불던 기미년(1919년) 2월이었어요. 경성 탑동공원(현재 탑골공원)에서는 우레와 같은 독립 만세 소리가 터져 나왔습니다. 독립 선언서가 각 지방에 배포되었어요. 평양과 진남포, 신천, 온정, 문화 등 각지에서도 인민들이 일어나 만세를 불렀어요. 안악에서도 준비 중이었어요.

장덕준이 사람을 시켜 한 통의 편지를 보냈어요.

'국가 대사가 일어났으니 같이 재령에 와서 토의합시다.'

3.1 만세 운동 당시에 서울 동대문을 꽉 메운 사람들

나는 기회를 봐서 움직이겠다고 답장했어요. 그리고 얼마 뒤 안악의 청년들이 내게 와 권유했어요.

"이미 준비가 다 됐으니 함께 나가서 만세를 부릅시다."

"만세 운동에는 참여할 마음이 없다."

내가 이렇게 대답하자 청년들이 물었습니다.

"선생이 참여하지 않으면 누가 선창합니까?"

"독립은 만세만 불러서 되는 것이 아니고 장래 일을 계획하고 진행해야 하는 것이다. 내가 참여하고 참여하지 않는 것은 문제가 아니니 자네들이나 가서 만세를 부르게."

나는 그다음 날 아침 소작인들에게 농기구를 가지고 모이라 일렀어요. 그리고 제방에 올라 제방 수리에 몰두했어요. 내 집을 감시하던 헌병 놈들은 농사 준비만 하는 나를 보더니 그냥 가 버렸어요.

나는 점심시간에 소작인들에게 일을 잘 끝마치도록 부탁한 후 잠시 이웃 마을에 다녀오겠다는 말을 남긴 채 안악읍으로 향했어요. 김용진이 나를 기다리고 있었어요.

"홍량에게 상해로 가라 했더니 십만 원을 주어야 가지 그렇지 않으면 못 간답니다. 선생부터 먼저 가십시오."

나는 바로 출발해 사리원에 도착했어요. 그리고 김우범의 집에서 하룻밤을 자고 이튿날 아침 신의주행 기차에 올랐어요.

기차 안에는 만세 부르는 이야기뿐이었어요. 황해도 평산과 금천은 이렇게 만세를 불렀고, 연맥에서도 만세를 불렀으며, 황주 봉산에서는 이렇게 불렀더라 하는 이야기들이었어요.

평양을 지날 때도 역시나 어디서 만세를 부르다가 몇 명이 다쳤다는 등의 이야기뿐이었어요. 어떤 사람이 이렇게 말했어요.

"우리가 죽지 않아야 독립이 되오."

어떤 이는 이렇게 말하기도 했습니다.

"독립은 벌써 되었지요. 아직 왜가 물러가지 않은 것뿐이지. 전국 인민이 다 일어나 만세를 부르면 왜놈들은 자연히 쫓겨나게 될 거예요."

나는 이야기를 듣느라 배고픔도 잊은 채 신의주역에서 내렸어요. 전날 신의주에서 만세를 부르다 스물한 명이 구금되었다고 했어요. 개찰구는 왜놈이 지키고 있었지요. 나는 아무 짐도 없이 수건에 여비만 싸서 허리에 둘러맨 상태였어요. 어떤 물건이냐 물어서 나는 돈이라 대답했어요.

신의주 시내에 들어가 밥을 먹으며 분위기를 살펴보았어요. 그곳 역시 흉흉했어요. 밤에 또 만세를 부르자는 통지가 돌았다는 둥 사람들은 술렁거렸어요.

나는 근처 여관에서 일주일을 보낸 뒤 배를 타고 상해로 출발했어요. 사 일 후 무사히 포동 선창에 내렸어요. 같이 탄 동지는 모두 열다섯 명이었어요.

이때 상해 모인 사람 중에는 평소 나와 친했던 이동녕과 이광수, 김홍서, 서병호도 있었어요. 그 외에는 구미와 일본에서 온 인사들이나 중국에서 유학을 하거나 상업 활동을 하는 동포들로 약 오백여 명 정도였어요.

이튿날 아침, 상해에서 가족들과 살고 있던 김보연이 찾아왔어요. 그는 자신의 집으로 나를 인도했고 나는 그곳에서 지냈어요. 김보연은 장연읍 김두원의 큰 아들이었어요. 그는 경신 학교 출신으로 내가 장연에

서 학교 사무를 총괄할 때부터 나를 존경하고 잘 따르는 사람이었습니다.

16 정부의 문지기에서 국무령까지

나는 이동녕, 이광수, 김홍서, 서병호 등 옛 동지들을 만났어요. 이때 임시 정부가 조직되었습니다. 나는 내무 위원으로 뽑혔어요. 그 후 도산 안창호는 미국에서 상해로 건너와 내무 총장으로 취임했어요.

나는 안창호에게 정부의 문지기를 하겠다고 말했어요. 안창호 내무 총장은 흔쾌히 허락해 주었습니다. 자신이 미국에 있을 때 백악관만 지키는 관리를 본 적이 있다고 말했어요.

"우리도 백범 같은 이가 정부 청사를 수호해 준다면 감사하지요."

그는 국무 회의에 제출해 결정하겠다고 말했어요.

다음 날 안창호는 대뜸 나에게 경무 국장(현재 경찰청장) 임명장을 주며 일해 줄 것을 권했어요. 그때는 국무 회의에 각 부서 총장들이 아직 다 취임하지 않았을 때였어요. 그래서 각 부서의 차장이 총장을 대신해 국무 회의를 진행하고 있었어요. 당시 차장은 윤현진, 이춘숙 등 젊은

청년들이었어요. 그들은 내가 여러 해 감옥 생활로 왜놈의 실정을 잘 아니 경무 국장이 적합하다고 생각했지만 내 생각은 달랐어요.

"나는 순사를 할 자격도 안 되는데 경무 국장을 어찌 감당할 수 있겠습니까?"

내가 거절하자 안창호는 강력하게 권유했어요.

"백범이 만일 거절한다면 여러 사람들이 청년 차장들의 부하로 들어가는 것이 싫다는 것으로 생각할 것입니다. 그러니 거절하지 말고 공무를 집행하십시오."

나는 결국 경무 국장으로 취임했어요.

1920년 아내가 인이를 이끌고 상해로 건너와 같이 살게 되었어요. 어머니는 2년 뒤에 상해로 오셨어요. 그리고 그해 8월 신(信)이가 태어났어요.

그리고 내가 저질렀던 국모 보복 살해 사건(치하포 사건)을 왜놈들이 이십사 년 만에 비로소 알게 되었어요. 비밀이 이처럼 오랜 세월 동안 감추어져 온 것은 드물고 기이한 일이었어요. 내가 각 군을 순회할 때마다 늘 하던 이야기가 있었어요. 바로 치하포 사건이었지요. 왜놈을 다 죽여 우리의 원수를 갚자는 내용과 함께 나를 본받으라는 의미로 치하포 사건을 언급하곤 했어요.

해주 검사국과 경성 총감부에서는 각 지방 보고를 수집해 '김구'라는 책을 만들었지요. 그곳에 나의 신상에 대해 자세히 기록되어 있었지

만 어느 누구도 왜놈에게 보고하지 않았던 거예요. 내가 나라를 떠나 상해해 도착한 뒤에야 비로소 그 사실이 왜놈들에게 알려진 모양이었어요. 우리 민족의 애국 정성으로 장차 미래에 독립이란 행복을 느낄 있을 것이라 생각했어요.

1923년 나는 내무 총장으로써 일을 시작했어요. 아내는 신이를 낳고 난 후 폐렴에 걸려 몇 년을 고생했어요. 그러다 상해 보륭 의원에서 진찰을 받고 서양 시설을 갖춘 홍구 폐병원에 입원하게 되었어요. 하지만 1924년 1월 1일 아내는 결국 세상을 떠나고 말았어요.

나는 독립운동 기간 중에 혼례나 장례를 많은 돈을 들여 성대하게 치르는 것을 찬성하지 않았어요. 그래서 아내의 장례도 검소하게 행해야겠다고 생각했지요. 그러나 동지들은 아내가 나 때문에 고생한 것은 곧 나라에 공헌한 것이나 마찬가지라며 돈을 모아 성대하게 장례를 치르고 묘비까지 세워 주었어요.

아내가 병원에 입원했을 때는 인이도 병에 걸려 있었어요. 그러다 아내의 장례식 이후 완전히 나아 퇴원하게 되었어요. 신이는 겨우 걸음마를 익히고 젖을 먹을 때였어요. 젖 대신 우유를 먹었지만 잘 때는 할머니의 빈 젖을 물어야 잠을 잘 수 있었어요. 말을 배울 때는 할머니란 말만 알고 어머니란 말은 무엇인지 몰랐어요.

1926년 어머님은 신이를 데리고 고국으로 돌아가셨어요. 그리고 다음 해 인이까지 보내라고 하셔서 인이마저 고국으로 보냈습니다. 그 뒤

나는 상해에서 혼자 외롭게 지내야 했어요.

그해 11월 나는 국무령으로 임명되었어요. 나는 의정원 의장 이동녕에게 말했어요.

"일국의 원수가 되는 것은 국가의 위신을 추락하게 하는 일이라 감당할 수 없습니다."

하지만 이동녕은 혁명 시기라 상관없다면서 강력하게 내게 국무령이 될 것을 권했어요. 나도 어쩔 수 없이 승낙하고 말았어요. 그 뒤 윤기섭과 오영선, 김갑, 김철, 이규홍으로 내각을 조직했어요.

또 헌법 개정안을 의원에 제출하고 국무령제를 위원제로 개정했어요. 나는 위원의 한 사람으로 업무를 시작했습니다.

〈내 인생을 돌아보며〉

내가 육십 가까이 되는 동안 내 생을 돌아보면 놀라운 일들이 참 많았어요.

국가가 독립을 하면 삼천리강산이 다 내 것이 될지는 모르겠지만 이 넓은 지구 한 치의 땅, 반 칸의 집도 내 것은 없었어요. 과거에는 부질없는 욕심으로 발버둥치기도 했었어요.

지금에 와서 이런 생각이 들었어요. 자식들에게 아버지의 의무를 조금도 하지 못했기 때문에 내가 아버지라 해서 자식 된 의무를 해 주기도 원하지 않았어요. 그저 아이들이 사회의 자식이라는 마음을 갖고 사회를 부모처럼 효

로 섬긴다면 나는 더 바랄 것이 없을 것 같았습니다.

1919년 2월 26일은 어머님 환갑날이었어요. 약간의 술과 안주를 마련해 축하연이나 하자고 아내와 의논을 하려는데 이미 눈치를 챈 어머님이 극구 말리셨어요.

"네가 일 년 추수만 더 지내도 생활이 조금은 나아질 것이다. 축하연을 한다면 네 친구들을 다 불러 하루 놀아야 하지 않겠느냐? 네가 지금 형편이 좋지 않은데 축하연을 준비한다면 내 마음이 불안하니 다음으로 미루자꾸나."

어머니의 만류로 결국 환갑잔치는 하지 못했어요. 며칠 후 내가 나라를 떠나게 되었고 어머님도 곧이어 상해에 오셨지요. 경제적으로도 어려운 형편이었지만 독립운동을 하다가 목숨을 잃은 동포들이 수십, 수백이란 비참한 소리를 들으면서 어머님을 위해 축하연을 열어드릴 용기가 생기지 않았어요. 이런 이유로 내 생일 역시 입 밖으로 꺼내지 않았어요.

1926년 나석주가 많은 양의 고기와 채소를 사와서 어머님께 드렸어요.

"오늘이 선생님 생신이 아닙니까? 돈이 없어 옷을 맡기고 고기 좀 사 왔습니다."

영광스러운 대접을 받은 이날을 나는 영원히 기념하리라 결심했어요. 그러면서도 어머님께 너무 죄송했어요. 나는 죽는 날까지 내 생일을 기념하지 않기로 했어요. 그 이후부터 날짜를 기록하지 않았답니다.

상해에서 인천 소식을 듣게 되었어요. 박영문은 별세했고 안호연은 살아 있다고 했어요. 나는 믿을 만한 이에게 회중시계 하나를 사서 보내며 내 소식

을 전해 달라고 부탁했어요.

　유완무가 북간도에서 누군가에게 피살되었다는 소식이 들려 왔습니다. 그의 아들 한경은 아직 북간도에서 살고 있다고 했어요. 이종근은 러시아 여자와 결혼해 상해에서 종종 만났어요. 김형진 유족의 소식은 아직 듣지 못했어요. 김경득 유족은 지금도 탐문 중이에요.

　내 일생에서 가장 행복한 것 중 하나는 아주 건강한 것이에요. 거의 오 년의 감옥 생활에서도 병 때문에 일을 못한 적은 없었어요. 인천 감옥에서 학질에 걸려 반나절 동안 잠깐 쉰 적만 있을 뿐이었어요. 병원에 간 것도 혹을 떼러 제중원에 한 달, 상해에 온 후 감기로 이십 일 동안 치료한 것이 다였어요.

　기미년에 중국으로 건너온 이후 지금까지 십여 년, 그간 중요하고 신기한 일들은 매우 많았어요. 하지만 독립 이전까지 나는 이를 비밀로 할 거예요. 이를 말해 주지 못해 내 아이들에게 유감이지만 이해해 주리라 믿습니다.

　이 글을 쓴 지 일 년이 넘은 1929년 5월 3일에 마칩니다.

　　　　　　　　　　　　　　　임시청부 청사에서.

17 상해에 임시 정부를 세우다

1919년 2월 영국 상인의 배를 타고 사 일간의 항해 끝에 상해에 도착했어요. 십여 년 동안 밤낮으로 그리던 이동녕 선생을 찾아갔습니다. 고생을 해서 그런지 주름이 많이 진 얼굴이었어요. 악수를 나누자 감정이 북받쳐 할 말을 잊고 말았어요.

당시 상해에 있는 한국인은 오백여 명 정도 되었어요. 그 가운데 상업 종사자와 유학생, 열 명 남짓의 전차 회사 검표원을 제외하면 대부분 여러 나라에서 모여든 독립지사들이었어요.

본국 13도 대도시는 물론이고 가난한 항구나 시골에서도 모두 독립 만세를 불렀어요. 해외에 있는 한국인들도 어디에 살든 독립운동을 일으켰어요. 이는 두 가지 원인 때문이었어요.

첫째, 한일 합병의 진짜 의미를 그때까지 깨닫지 못했기 때문이었어요. 동포들은 우리가 스스로 나라를 다스리고 형식적으로만 일본의 속

국이 되는 것이라 생각했어요.

둘째, 제1차 세계 대전이 끝난 후 파리 강화 회의에서 미국 대통령 윌슨은 민족 자결주의를 제창했어요.

이 두 가지 원인으로 만세 운동이 폭발할 수 있었던 거예요. 그러므로 상해에 모인 오백여 명의 사람들은 어느 곳에서든 우리의 지도자이자 선배이고, 젊고 굳센 청년 투사들이었습니다. 당시 상해에 먼저 도착한 사람들은 신한청년당을 조직해 김규식을 파리 강화 회담의 대표로 파견했어요. 김철은 본국 대표로 파견했고요.

상해에 모인 여러 청년들을 중심으로 독립운동하는 데 정부가 필요하다는 목소리가 흘러나오기 시작했어요. 그래서 각각 대표를 선출하고 임시 의정원을 조직해서 임시 정부를 만들게 되었어요. 이것이 바로 대한민국 임시 정부였어요.

이승만을 총리로 임명하고 내무, 외무, 군무, 재무, 법무, 교통 등의 부서가 조직되었어요. 도산 안창호는 내무 총장으로 취임했어요.

한편 한성에서는 비밀리에 각 도 대표가 모여 이승만을 집정관 총재로 하는 별도의 정부를 조직했어요. 그러나 본국에서 활동하기 어려워 그 권한을 상해로 보내게 되었지요. 비슷한 두 개의 정부가 생겨나자 이를 개조하여 이승만을 대통령에 임명하고 4월 11일 헌법을 반포했어요.

나는 오 년 동안 경무 국장으로서 신문관, 검사, 판사뿐만 아니라 형

1920년 임시 정부
신년 기념식

집행까지 담당했어요. 범죄자는 말로 타이르거나 사형으로 처결했어요.
　김도순이라는 열일곱 살의 소년은 본국에 파견되었던 정부 특파원을 따라 상해에 왔어요. 그는 일본 영사관과 손을 잡고 정부 특파원을 체포하려고 했어요. 소년은 일본 영사관으로부터 십 원을 받은 상태였어요. 그가 미성년자임에도 나는 부득이하게 극형에 처했어요. 이런 일은 다른 나라에서는 보지 못할 특종 사건이었어요.
　경무국 사무는 현재 세계 각국의 경찰 행정과는 조금 달랐어요. 주요

임무는 왜놈들이 정탐하는 것을 막고 독립운동가의 투항 여부를 살피며 왜놈들이 어디에 침입하는지를 주의해서 보는 것이었어요. 나는 정복 경호원과 사복 경호원 이십여 명을 임명해 이 일을 수행했지요.

일본의 영사관과 우리 경무국은 매번 부딪쳤어요. 그런데 프랑스 조계(영토의 일부를 외국인의 거주하도록 허가한 땅) 당국은 우리의 독립운동에 대해 억압을 가하지 않았어요. 일본 영사가 우리 독립운동가를 체포해 달라고 요구할 때 프랑스 당국은 미리 우리 기관에게 통지했어요. 그리고 체포할 때는 일본 경관을 대동해 빈집만 수색하고 말았지요.

한번은 황포 부두에서 의열 단원인 오성륜이 일본의 육군 대장인 다나카 기이치에게 폭탄을 던진 적이 있었어요. 하지만 폭탄이 터지지 않자 오성륜이 총을 쏘았고 안타깝게도 미국 여행객 한 명이 죽고 말았어요. 일본과 영국, 프랑스 세 나라는 함께 프랑스 조계지에서 한국인을 대거 수색하고 체포했어요.

당시 상해에는 어머님도 와 계셨어요. 이른 아침에 일본 경찰 일곱 명이 분노에 찬 얼굴로 침실에 침입했어요. 그중 프랑스 경관인 서대납은 나와 친한 사이였는데 아마 내 집인 줄 알았다면 찾아오지 않았을 거예요. 왜놈들이 내게 달려들어 수갑을 채우려 하자 서대납이 제지했어요. 그리고 자기와 같이 프랑스 경무국으로 가자고 요청했어요.

나는 그와 함께 경찰서로 갔지요. 원세훈 등 다섯 명은 이미 잡혀 와 유치장에 구금된 상태였어요. 일본 경찰이 나를 신문하려 하자 프랑스

경찰은 허락하지 않았어요. 일본 영사가 나를 데려가겠다고 요구해도 들어주지 않았어요. 대신 프랑스 경찰은 내게 물었어요.

"체포된 다섯 명은 김 군이 잘 아는 사람인가?"

"네, 모두 좋은 동지입니다."

"김 군이 책임지고 다섯 명을 데려가기를 원하는가?"

나는 그렇다고 대답했어요. 그러자 그들을 즉시 석방시켜 주었어요.

여러 해 동안 프랑스 경찰국에서 한국인 범죄자들을 체포할 때 나는 임시 정부를 대표해 신문하고 처리했어요. 내가 보증하면 현행범 이외에는 즉시 풀어 주었어요.

어느 날 갑자기 김기제, 김의한 등 수십 명이 임시 정부 내무부를 습격했어요. 당시 정부를 옹호하던 청년들은 분노하며 그들과 싸웠어요. 이 때문에 나창헌, 김기제 두 사람이 중상을 입었습니다. 내무 총장 이동녕 선생의 명령에 따라 포박된 청년 십여 명은 타일러서 보내고 중상을 당한 두 사람은 치료해 주었어요.

경무국에서는 이 일이 왜 일어났는지 그 원인을 조사했어요. 나창헌과 김기제의 배후에는 황학선이라는 사람이 있었는데 일본 영사관이 황학선에게 돈을 준 것이었어요. 우리는 황학선을 비밀리에 체포해 심문했어요. 그는 나창헌 등 애국 청년들을 이용해 정부의 각 총장과 경무 국장인 나까지 전부 암살할 무서운 계획을 꾸미고 있었어요.

나는 황학선을 신문한 기록을 나창헌에게 보여 주었어요. 그는 깜짝

놀랐어요. 황학선에게 속아 자기도 모르게 큰 죄를 지을 뻔했다면서 그를 극형에 처해 달라고 했어요. 그때는 이미 황학선의 사형이 집행된 뒤였어요.

한번은 박모라는 청년이 나를 만나러 왔어요. 그는 눈물을 흘리며 품 안에서 권총 한 자루와 왜놈이 준 수첩을 꺼냈어요. 먹고살기 위해 상해에 오게 되었다는 그는 놀라운 이야기를 하기 시작했어요.

"일본 영사관이 나의 튼튼한 체격을 보더니 김구를 살해하라고 지시했어요. 그러면 돈도 많이 주고 본국에 있는 가족들에게 토지도 주겠다고요. 거절하면 후데이센진(불평, 불만을 품고 제 맘대로 하는 조선인)이란 죄목으로 체포한다기에 어쩔 수 없이 승낙하고 말았습니다. 그런데 프랑스 조계지에서 독립을 위해 애쓰는 선생을 보았습니다. 한국인의 한 사람으로서 어찌 감히 선생을 살해할 수 있겠습니까? 이런 이유로 권총과 수첩을 선생님께 바치고 중국 지역으로 가서 상업에나 종사할까 합니다."

이 말을 듣고 청년에게 감사의 뜻을 전했어요.

나의 신조는 '일을 맡기면 의심하지 않고, 의심하면 일을 맡기지 않는다.'는 것이었어요. 이 신조 때문에 종종 피해를 당하면서도 천성인지 고치지 못했어요.

1919년 대한민국은 민족 운동으로 들끓고 있었어요. 하지만 단순하던 독립운동도 사상이 나뉘면서 투쟁하게 되었어요. 임시 정부 직원들

중에서도 공산주의와 민족주의로 분열돼 서로 대립했어요. 심지어 정부의 국무원들 사이에서도 사상이 달라 대립이 일어났어요. 국무총리 이동휘는 공산혁명을 주장했고 대통령 이승만은 민주주의를 주장했어요. 이 때문에 국무 회의에서도 의견이 맞지 않아 때때로 논쟁이 일어나기도 했지요.

국무 회의에서는 여운형, 안공근, 한형권 세 명을 뽑아 러시아에 대표로 보내기로 결정했어요. 필요한 돈을 모으던 중 이동휘가 자기 부하인 한형권을 비밀리에 먼저 러시아로 파견했어요. 이동휘는 한형권이 시베리아를 통과하고 난 뒤에야 이를 공개했어요. 이 일은 큰 파문을 몰고 왔어요.

어느 날 이동휘 총리가 나에게 도움을 청했어요. 나는 조금 불쾌했습니다.

"제가 경무 국장으로 총리를 보호하는데 직책상 잘못된 일이라도 있습니까?"

이동휘는 손을 저으며 답변했어요.

"그런 것이 아닙니다. 혁명은 어느 민족에게나 큰 사업이 아닙니까. 그런데 우리 독립운동은 민주주의혁명에 불과합니다. 이대로 독립을 한 후 또다시 공산혁명을 하게 되면 두 번의 유혈이 생기는 것이니 이는 우리 민족에게도 큰 불행일 것입니다. 그러니 아우님도 나와 같이 공산혁명을 하는 게 어떻습니까?"

나는 반문했어요.

"우리가 공산혁명을 하는데 제3국제당(국제적 공산당 통일 조직)의 지휘와 명령을 받지 않고 독자적으로 공산혁명을 할 수 있습니까?"

그는 고개를 저으며 대답했어요.

"불가능합니다."

나는 강경한 어조로 다시 말했어요.

"우리의 독립운동이 우리 한민족의 독자성을 떠나서 어느 제3자의 지도와 명령을 받는다는 것은 자존성을 잃는 것입니다. 선생은 우리 임시 정부 헌장에 위배되는 말을 하고 계십니다. 저는 선생의 지도를 따를 수 없습니다. 선생은 자중하셔야 합니다."

그러자 이동휘는 불만스러운 눈빛으로 나를 바라보더니 자리를 떠났어요.

이동휘가 몰래 보낸 한형권은 모스크바에 도착했어요. 러시아 최고 지도자인 레닌이 그를 친절하게 맞이했어요. 그는 독립 자금이 얼마나 필요한지 물었어요. 한형권은 이백만 루블을 요구했어요. 레닌이 웃으며 물었어요.

"일본에 대항하는데 이백만으로 되겠는가?"

그는 본국과 미국에 있는 동포들이 자금을 조달할 것이라고 대답했지요. 레닌이 외교부에 명령해 현금으로 이백만 루블을 지급하라 했지만 외교부는 금괴를 운반하는 데 문제가 있다며 사십만 루블만 한형권

에게 주었어요.

　이를 알게 된 이동휘는 비서장 김립을 보내 금괴를 임시 정부에 바치지 않고 중간에 빼돌렸어요. 김립은 이 금괴로 토지를 매입하고 일부는 공산주의자들에게 주었어요. 임시 정부는 이동휘에게 죄를 물었어요. 그는 총리직을 사퇴하고 러시아로 도주했습니다.

　1930년 1월 한국 독립당이 조직되었어요. 한독당은 나와 민족주의자인 이동녕, 안창호 등이 지도자가 되어 창립되었어요. 이때부터 민족주의자와 공산주의자가 조직을 따로 갖게 되었어요.

18 편지 정책

민족주의 진영은 임시 정부와 한국 독립당으로 겨우 유지되고 있었어요. 정부는 이승만에서 박은식으로 교체되었고 대통령제를 국무령제로 변경했어요.

제1대 국무령으로 이상룡이 취임하기 위해 상해로 왔지만 인재를 고르지 못해 다시 돌아갔어요. 그 이후에도 마땅한 인재를 찾지 못했어요.

임시 정부는 무정부 상태에 빠지고 말았어요. 이는 큰 문제가 되었어요. 의장 이동녕 선생이 국무령으로 내각을 조직하라고 권유했지만 나는 사양했어요. 그는 더 강하게 권유했어요. 하지만 나는 두 가지 이유를 들어 사양했어요.

첫째, 정부가 아무리 위축되었다고 해도 해주 서촌 김존위의 아들인 내가 한 나라의 원수가 되는 것은 우리 민족의 위신을 크게 떨어뜨리는 것이라고 생각했어요.

둘째, 모두 마땅한 인물을 찾지 못해 실패했는데 내가 나선다고 좋은 인물들이 나타날 것인가 하는 우려 때문이었어요.

그러나 이동녕은 나를 계속 설득했어요.

"첫 번째는 이유라고 할 수도 없습니다. 두 번째는 백범만 나서면 지원자들이 줄을 설 것이니 걱정 마십시오. 흔쾌히 승낙해서 의정원에 수속을 밟고 임시 정부가 무정부 상태에서 벗어나게 해 주십시오."

결국 나는 국무령으로 취임했어요. 윤기섭과 오영선, 김갑, 김철, 이규홍 등으로 내각을 구성했어요. 그리고 국무령제를 국무 위원제로 고쳤어요. 나는 국무 위원 주석이 되었지만 개회할 때만 주석일 뿐이었어요. 국무 위원들이 주석을 돌아가며 맡았기 때문에 모두 평등한 권리를 가지고 있었어요.

정부의 분란은 가라앉았지만 경제적으로는 매우 어려웠어요. 청사 집세가 삼십 원, 직원 월급이 이십 원을 넘지 않았지만 집세 문제로 집주인에게 종종 소송을 당했어요.

다른 위원들은 대부분 식구들과 함께 지냈어요. 나는 동포들 집에서 밥을 얻어먹으며 혼자 외롭게 지내야 했어요.

동포들은 내 처지를 잘 알고 있었기 때문에 나를 하찮게 대하지 않았어요. 조봉길, 이춘태, 나우, 진희창, 김의한 등은 내게 친절을 베푼 동지들이었어요.

엄항섭은 뜻이 있는 청년으로 지강 대학을 졸업했어요. 졸업 후 그는

자기 가정은 돌보지 않고 이동녕 선생이나 나처럼 먹고 자는 것이 어려운 운동가를 돕기 위해 프랑스 공무국에 취직을 했지요. 그가 그곳에 취직을 한 이유는 두 가지 목적 때문이었어요.

하나는 월급을 받아 우리에게 음식을 제공해 주려는 것이었고 또 하나는 일본 영사관에서 우리를 체포하려는 사건을 미리 파악해 피하게 하는 것이었어요. 우리 동포 중 범죄자가 있을 때는 알아서 편의를 봐 주었어요.

엄항섭의 첫 번째 부인 임 씨는 아이가 없었어요. 내가 집을 방문하면 임 씨는 문밖까지 따라와 배웅했어요. 그리고 은전 한두 개를 손에 쥐어 주었어요. 그것은 남편이 존경하는 선배를 대접하기 위한 부인의 마음이었어요. 하지만 불행히도 그녀는 딸 하나를 낳고 죽고 말았어요.

나는 그녀의 무덤을 볼 때마다 나중에 내가 능력이 생겼을 때 묘비를 꼭 세워 주어야겠다고 생각했어요. 나중에 상해를 떠날 때 그만한 돈이 되었지만 환경이 여의치 않아 시행하지 못했어요. 이 글을 쓰는 지금도 임 씨 무덤이 눈에 아른거립니다.

당시 내 중요 임무가 무엇인지 말하기 위해서는 먼저 그때의 환경이 어땠는지 설명이 필요해요.

열심히 독립운동을 하던 사람들 가운데 하나둘 왜놈에게 투항하거나 귀국하는 자들이 생겨났어요. 임시 정부 군무 차장 김희선과 독립신문사의 주필 이광수, 의정원 부의장 정인과 등이 이에 해당되었지요.

정부의 비밀 작전 때문에 국내로 간 동지들도 있었어요. 비밀 정치 조직인 연통제를 실시해 경성에 총판부를 두었어요. 그리고 13도에 독판, 각 군에는 군감, 각 면에는 면감을 두었습니다. 인민들도 비밀리에 세금을 납부했어요. 이로써 상해 임시 정부의 위상이 조금씩 커지고 있었어요.

하지만 연통제가 일본 놈들에게 발각되면서 각 도의 조직은 해체되고 말았어요. 비밀 임무를 수행하던 사람들이 체포되었는데 그 수를 헤아릴 수 없이 매우 많았어요. 또한 큰 꿈을 품고 상해에 온 청년들도 경제난 때문에 취직을 하거나 장사를 시작했어요. 이로 인해 수천 명이었던 독립운동가들은 점점 줄어 수십 명밖에 남지 않았습니다.

나는 처음 정부의 문지기를 요청했습니다. 하지만 노동 총판과 내무 총장, 국무령, 국무 위원, 주석 등 중요한 요직은 역임했지요. 이렇게 된 것은 임시 정부에는 인재가 부족했고, 경제적으로 어려움을 심하게 겪었기 때문이었어요.

이승만 대통령이 취임했을 때 중국 인사는 물론 영국과 프랑스 미국의 친구들도 임시 정부를 방문했어요. 그러나 이제 임시 정부에 서양인이 오는 이유는 공무국의 프랑스 경찰이 왜놈을 대동하고 사람을 잡기 위해서이거나 세금을 독촉하기 위해서였지요.

하지만 나는 매년 크리스마스가 되면 몇백 원어치의 물건을 사서 프랑스 영사와 공무국, 서양의 친구들에게 선물로 보냈어요. 십사 년 동

안 이런 일을 한 이유는 우리 임시 정부가 존재한다는 것을 그들에게 알리기 위해서였어요.

이 무렵 내가 연구하고 실행했던 일이 하나 있었는데 그것은 바로 편지 정책이었어요. 아무리 노력해도 정부 사업은 발전하지 않았어요. 그러던 중 임시 정부가 해외에 있으니 해외 동포들에게 도움을 요청할 수밖에 없다는 사실을 깨닫게 되었어요.

당시 해외에 거주하는 동포는 동북 3성에 가장 많았어요. 약 이백오십여만 명의 동포가 살고 있었지만 사정이 그리 좋지 않았어요. 러시아령에는 백오십만 명이 살고 있었어요. 하지만 공산국가라 민족 운동을 금지했지요. 일본에는 사십에서 오십만 명이 거주했지만 이곳 역시 도움을 요청할 수 없었어요. 미주, 하와이, 멕시코, 쿠바에는 일만여 명이 살고 있었어요. 그들 대다수는 노동자였지만 애국심 하나만은 강했습니다. 그곳에 사는 서재필, 이승만, 안창호, 박용만 등에게 가르침을 받았기 때문이었어요.

나는 그곳 동포들에게 사정을 알리고 성금을 모금할 계획을 세웠어요. 하지만 나는 영어를 할 줄 몰랐지요. 그래서 직접 편지를 쓸 수 없었어요. 또 그곳에 사는 동포들의 주소도 알지 못했어요. 다행히 엄항섭과 안공근 등의 도움으로 몇 사람의 주소와 이름을 알아냈어요. 나는 임시 정부의 현재 상황을 자세히 설명하면서 동정을 구하는 편지를 썼어요. 엄항섭이나 안공근을 시켜 편지를 보내는 것이 내 유일한 업무였

어요.

　수신인이 없어 반송되는 경우도 많았어요. 하지만 답장을 보내는 동포들도 있었지요. 그리고 그 수는 점점 더 늘어났어요. 그중 시카고에 사는 김경 같은 이는 '집세를 주지 못해 정부가 문을 닫게 되었다.'는 소식을 듣고 즉시 미화 이백여 달러를 모아 보내 주기도 했어요. 김경은 나와 한 번도 만난 적 없지만 애국심 하나로 이런 일을 했던 거예요.

　미주와 하와이, 멕시코, 쿠바의 동포들이 이와 같은 애국심을 갖고 있으면서 왜 그동안 정부 성금에는 소홀했던 걸까요? 그것은 일 년에 몇 번이나 정부 각료들이 바뀌고 헌법도 자주 변경되면서 정부의 위신이 추락했기 때문이에요. 게다가 이런 사정을 알려주지 않아 동포들은 정부를 믿지 않았던 겁니다.

　내 편지가 진실성이 있었는지 그들은 점차 믿음을 가지기 시작했어요. 그 후 하와이 애국단과 가와이 단합회, 샌프란시스코의 신한민보 등에서 마음을 보아 성금을 보내 주었어요.

　그러던 중 하와이의 안창호와 임성우 등이 장래 사업과 관련해 다음과 같은 편지를 보내왔어요.

'당신이 정부를 지키고 있는 것에 대해 정말 감사히 생각합니다. 그런데 혹시 하고 싶은 사업이 있습니까? 우리 민족에 큰 도움이 되는 일이라면 돈을 모아 보겠습니다.'

나는 다음과 같이 답했어요.

'어떤 사업을 원한다기보다는 간절히 하고 싶은 일이 있습니다. 돈을 모아 주십시오. 필요할 때 연락드리겠습니다.'

그는 그렇게 하겠다고 답장을 보냈어요. 나는 그때부터 민족을 위해 어떤 일을 할 수 있을까 고민하기 시작했습니다.

19 이봉창과 윤봉길 의사

내가 재무부장이면서 민단장을 겸하고 있던 어느 날, 중년의 동포가 나를 찾아왔어요.

"저는 일본에서 일을 하다가 독립운동을 하고 싶어서 상해로 왔습니다. 어디로 가야 할지 몰라 전차표 검사원에게 임시 정부의 위치를 물어보니 보경리 4호로 가라고 하더군요. 그래서 이렇게 찾아왔습니다."

그는 경성 용산 출신인 이봉창이었어요. 나는 내일 다시 얘기하자고 말했어요. 그의 말 중 절반은 일어였고 행동 또한 일본인과 매우 비슷했어요. 그래서 특별히 조사할 필요가 있겠다고 생각했어요.

며칠 후 나는 민단 직원들과 주방에서 술을 마시다가 그의 이야기를 듣게 되었어요.

"당신들은 독립운동을 한다면서 왜 일본 천황을 못 죽입니까?"
"일개 문무관도 죽이기 어려운데 천황을 죽이는 게 쉽나요?"

"내가 작년 동경에 있을 때 천황의 행차를 본 적이 있습니다. 그때 엎드려 내가 생각했던 것이 무엇인지 아십니까? '내게 지금 폭탄이 있다면 천황을 쉽게 죽일 수 있을 텐데.' 였습니다."

나는 그의 말을 유심히 들었어요. 그리고 그날 저녁 이봉창이 묵고 있는 여관에 방문해 깊은 대화를 나누었어요.

"지금 제 나이는 서른한 살입니다. 인생의 목적이 쾌락이라면 그동안 인생의 쾌락은 대충 맛본 것 같습니다. 이제는 영원한 쾌락을 얻기 위해 우리나라의 독립에 헌신하고 싶습니다."

그는 자신을 희생할 각오를 품고 상해로 넘어온 것이었어요. 그의 위대한 인생관을 듣고 나니 감동의 눈물이 벅차올랐어요.

"일 년 안에 이봉창 당신이 할 수 있는 일을 준비하겠습니다. 그런데 지금은 우리 정부의 형편이 매우 좋지 않습니다. 이 때문에 당신의 생활을 도와주지는 못합니다. 또 앞으로 해야 할 일을 위해서라도 우리와 가까이 있는 것은 위험합니다. 어떻게 했으면 좋겠습니까?"

그러자 이봉창은 나에게 자신의 계획을 말해 주었어요.

"저는 어려서부터 일어를 배웠습니다. 일본에서 지낼 때는 일본인의 양자가 되어 기노시카 쇼조라 불리었지요. 상해로 오면서 이봉창이라는 제 이름을 쓰지 않았으니 앞으로도 계속 일본인 행세를 하겠습니다. 선생께서 일을 준비하실 동안 저는 일본인의 철공장에 취직하면 됩니다. 아마 높은 월급을 받을 수 있을 겁니다."

나는 그의 말에 동의했어요.

"우리 기관과 우리 사람들과의 접촉은 되도록 하지 않는 게 좋을 것입니다. 오로지 일본인으로만 행세하고 매월 한 번 밤중에만 나를 찾아오십시오."

그리고 그는 홍구로 떠났어요. 그리고 매달 팔십 원을 주는 일본인 철공장에 취직했다고 연락이 왔습니다. 간혹 술과 고기, 국수를 사 들고 민단 사무실로 찾아와 직원들과 놀기도 했어요. 그는 취하면 일본 노래를 유창하게 불렀어요. 그것 때문에 '일본 영감'이란 별명을 얻었어요.

1931년 12월 중순, 나는 이봉창을 비밀리에 만났어요. 그와 하룻밤을 함께 보내면서 일본행에 대한 문제를 상의했어요. 나는 돈을 준비하고 폭탄 두 개를 구입했어요. 하나는 김홍일을 시켜 병공창(군수 물품을 만들던 공장)에서 구입했고 다른 하나는 김현을 시켜 구입했어요. 폭탄 하나는 일본 천황을 죽이기 위한 것이고, 하나는 자살용으로 사용할 것이었어요. 나는 그에게 사용법을 가르쳐 주었어요. 그리고 만약 자살이 실패해 신문을 당하게 되었을 때 어떻게 대답할 것인지도 지시했어요.

다음 날, 나는 지폐 한 뭉치를 주며 일본으로 갈 준비를 하라고 말했어요. 그리고 이틀 후 중흥 여관에서 그를 다시 만났어요. 이봉창은 나에게 이렇게 말했어요.

"그저께 낡은 옷 속에서 많은 돈을 꺼내 주셨을 때 눈물이 났습니다.

언젠가 민단 사무실에 갔었는데 직원들이 밥을 굶는 것 같아 제 돈으로 국수를 사 준 적이 있었습니다. 그런데 헤어질 때 생각하지도 못한 돈을 주시니 뭐라 드릴 말씀이 없더군요. 프랑스 조계지에서 한 걸음도 나서지 못하시는 선생께서는, 제가 이 돈을 가지고 가서 마음대로 써도 찾으러 오지 못하시겠지요. 제 평생 이런 신임을 받은 것은 선생이 처음이고 마지막일 것입니다."

우리는 안공근의 집에서 선서식을 치렀습니다. 나는 그에게 폭탄 두 개와 돈 삼백 원을 주며 이렇게 말했어요.

"이 돈은 동경에 가기 전까지 다 쓰십시오. 동경에 도착하는 즉시 전보하면 다시 돈을 보내겠습니다."

그리고 사진관으로 가서 기념사진을 찍었어요. 내 얼굴이 밝지 않았는지 이봉창은 오히려 나를 위로했어요.

"저는 영원한 쾌락을 위해 이 길을 떠나는 것입니다. 그러니 우리 두 사람 기쁜 마음으로 사진을 찍읍시다."

그의 말에 나는 억지로 미소를 띤 채 사진을 찍었어요.

차를 탄 이봉창은 머리를 숙여 마지막 경례를 했어요. 차는 경적을 울리며 홍구 방면으로 질주했어요.

십여 일 후 동경에서 전보가 왔어요. 나는 그에게 이백 원을 더 부쳐 주었습니다.

일 년 전부터 우리 임시 정부의 독립운동은 매우 침체되어 있었어요.

군사 작전을 펼치지 못했기 때문에 테러라도 필요한 상황이었어요.

당시 일본은 조선과 중국에서 무자비한 학살을 자행하고 있었어요. 나는 한인 애국단을 조직해 일본을 향한 암살과 파괴 등의 공작을 실행했어요. 공작에 사용하는 돈과 인물은 모두 내가 주관했습니다. 그리고 첫 번째 공작으로 이봉창의 동경 사건을 진행하기로 했어요.

1월 8일 신문에 '이봉창이 일본 천황을 저격했으나 명중하지 못했다.'는 기사가 실렸어요. 천황을 죽이지 못했다는 사실에 나는 매우 불쾌했어요. 다음 날 아침 프랑스 공무국에서 비밀 통지가 도착했어요.

'십여 년간 프랑스는 김구를 보호해 왔다. 하지만 이번 사건으로 인해 일본은 우리에게 김구의 체포 인도를 요청해 올 것이다. 프랑스가 일본과 전쟁을 하기로 결심하지 않는 이상 김구를 보호하기는 힘들 것이다.'

나는 낮에는 쉬고 밤에는 동지들의 집에서 잠을 잤어요. 중일 전쟁이 시작되면서 일본은 남녀노소를 가리지 않고 잔인하게 죽였어요. 그 모습을 보면서 나는 나도 모르게 눈물을 흘렸어요. 우리도 언젠가 일본과 전쟁을 벌여 우리 강산을 충성스러운 피로 물들일 날이 있을까? 눈물은 쉴 새 없이 흘러내렸어요.

이봉창의 의거가 전 세계로 알려지자 미주와 하와이, 멕시코, 쿠바의 우리 동포들은 흥분된 마음으로 편지를 보내 왔어요. 제자인 나석주는

폭탄을 품고 동양 척식 주식회사에 침입해 일본인 일곱 명을 죽인 뒤 자살했어요. 이승춘은 천진에서 체포되어 사형을 당했습니다.

그러던 어느 날 윤봉길이 나를 찾아왔어요.

"제가 채소 장사를 하며 매일 홍구를 지나다니는 이유는 큰 뜻을 품고 상해에 온 목적을 달성하기 위해서입니다. 선생님께서는 이봉창 사건과 같은 경륜(포부를 가지고 일을 계획하는 것)이 계실 줄 믿습니다. 저를 믿고 도와주시면 죽어서도 은혜를 잊지 않겠습니다."

나는 그의 말에 감동했어요.

"뜻을 품으면 마침내 일을 이룬다고 했습니다. 마침 내가 계획하는 일이 있는데 마땅한 사람을 구하지 못해 고민하고 있었어요. 4월 29일에 홍구 공원에서 천황의 생일 축하 연회가 열릴 모양입니다. 이봉창의

윤봉길 의사와 함께

목적을 이때 달성하면 어떻겠습니까?"

그는 흔쾌히 승낙했어요.

일본 상해 영사관은 일일 신문을 통해 다음과 같이 포고했어요.

"4월 29일 홍구 공원에서 천황의 생일 축하식을 거행한다. 그날 식장에 참석하는 자는 물병 하나와 점심으로 도시락, 일본 국기를 가지고 입장하라."

나는 이 글을 읽고 즉시 상해 병공창장 송식표와 상의했어요. 일본인들이 사용하는 물통과 도시락을 사줄 테니 그 속에 폭탄을 장착해 삼일 이내로 보내 달라고 부탁했습니다.

그리고 드디어 운명의 4월 29일이 다가왔어요. 그날 아침 나는 마지막으로 윤봉길과 아침 식사를 했어요. 그는 매우 태연했어요. 일곱 시를 알리는 시계 종소리가 들렸어요. 윤봉길은 자기 시계를 꺼내더니 내 시계와 교환하자고 했어요.

"제 시계는 어제 선서식 후 선생님의 말에 따라 육 원을 주고 구입한 것입니다. 하지만 선생님의 시계는 이 원짜리입니다. 저는 이제 한 시간밖에 남지 않았습니다."

나는 기념품으로 그의 시계를 받고 내 시계를 그에게 주었어요. 그리고 떠나기 전 가지고 있던 돈을 꺼내 내 손에 쥐어 주었어요.

"이 돈을 가지고 있다고 해서 거사에 방해가 되겠소?"

"자동차 요금을 주고도 남을 겁니다."

그러는 사이 자동차가 서서히 움직이기 시작했어요. 나는 목멘 소리로 마지막 작별의 말을 건넸어요.

"나중에 지하에서 만납시다."

윤봉길이 차창으로 나를 향해 머리를 숙였어요.

나는 그 길로 상점에 들어가 안창호에게 편지를 썼어요.

"오늘 오전 열 시부터 댁에서 머물지 마십시오. 큰 사건이 발생할 것입니다."

나는 이동녕 선생의 집으로 가서 소식이 오기를 기다렸어요. 오후 한 시쯤 되자 곳곳에서 중국인들이 술렁거리기 시작했어요. '홍구 공원에서 중국인이 폭탄을 던져 많은 일본인이 죽었다.', '고려 사람의 짓이다.' 등의 소문이 퍼졌어요. 그리고 오후 두세 시쯤 다음과 같은 내용이 신문에 실렸습니다.

'홍구 공원 일본인의 경축대 위에서 대량의 폭탄이 폭발하여 민단장 가와바다는 즉사하고 시라카와 대장, 시게미츠 대사, 우에다 중장, 노무라 중장 등 문무대관이 모두 중상을 입었다.'

일본 신문에서는 중국인의 소행이라고 적었지만 다음 날 각 신문에서는 '윤봉길'이라는 이름을 큰 글자로 게재했어요. 곧이어 프랑스 조계지에서 대대적인 수색이 벌어졌어요. 나는 미국인 피치에게 피신할

수 있는 곳을 부탁했어요.

그 와중에 많은 동포가 체포되었어요. 이렇게 되자 나를 비난하는 목소리가 높아지기 시작했어요. 홍구 사건의 주범자인 김구는 숨어 있고 잘못 없는 사람들이 잡혀간다는 것이었어요.

나는 사건의 진상을 세상에 공개할 필요가 있다고 생각했어요. 엄항섭에게 선언문을 작성하게 하고 피치 부인에게 영문으로 번역시켜 로이터 통신에 글을 보냈어요. 이 발표로 인해 세계 각국은 동경 사건과 상해 홍구 사건의 주모자가 김구라는 것, 집행자는 이봉창과 윤봉길이라는 사실을 알게 되었어요.

20 상해를 탈출하다

4.29 사건 이후 일본은 나를 잡기 위해 이십만 원의 현상금을 걸었어요. 나는 프랑스 조계지를 떠나 안공근과 함께 기차역으로 갔습니다. 그리고 가흥에 있는 면사 공장으로 몸을 피했지요. 이때부터 나의 가흥 생활이 시작되었어요. 이름은 '장진구' 나 '장진'으로 바꾸었어요.

그곳에 저보성이란 사람이 살고 있었는데 그 지역에서 덕망이 높고 존경받는 신사였어요. 그는 자신의 수양아들 진동손의 정자를 내 침실로 사용하라고 주었어요. 당시 나를 아는 사람은 저 씨 내외와 진동손 부부뿐이었어요.

이때 나를 가장 곤란하게 했던 것은 언어였어요. 중국 남부의 광동인 행세를 했지만 중국 말을 잘 모르는데다가 광동어는 상해 말과 달랐어요. 그래서 나는 말을 거의 하지 못했어요.

상해에서 온 비밀 보고에 따르면 일본의 활동은 더 악랄하고 심해졌어요. 상해에 내 흔적이 없어 여러 곳에 정탐꾼을 파견했다는 소식과 일본 경찰이 변장을 하고 가흥을 순찰하고 있다는 소식도 있었어요.

그러다 보니 이곳에 오래 머무는 것도 위험했어요. 가흥을 떠나야 했지만 어디로 가든 안전한 곳은 없었어요.

가흥에서 조금 떨어진 곳에 엄가빈이란 농촌이 있었어요. 진 씨의 땅이었지요. 그 마을의 손용보란 농부가 진 씨와 친해서 나는 그곳에 잠시 묵으며 시골 농부가 되었어요. 다른 사람들이 일을 하러 나가면 나는 빈집에 있는 아이를 안고 아이 엄마를 찾아가곤 했어요.

엄항섭의 집으로 다시 돌아온 나는 오룡교 진 씨의 집에서 지냈어요. 낮에 작은 배를 타고 근처 수로를 다니면서 여러 농촌을 구경하는 것이 유일한 낙이었어요.

하루는 대로변 광장에 나가 보았어요. 그곳에는 군대가 훈련하는 군경의 조련장이 있어서 조련하는 모습을 구경했어요. 그런데 조련장의 군관 한 명이 나를 유심히 보더니 급히 달려왔어요. 그는 내게 어디서 왔냐고 물었어요. 내가 광동 사람이라고 대답하자 그는 자신이 광동 사람이라며 나를 취조실로 끌고 갔어요.

"나는 중국인이 아니다. 그대의 단장과 면담하게 해 주면 원래 신분을 밝히겠다."

나의 요구에도 단장은 오지 않았어요. 대신 부단장이 나를 찾아왔어

요.

"저는 한국인입니다. 상해 홍구 사건 이후 상해에 있기가 위험해 이곳 저한추의 소개로 오룡교 진동손의 집에 머물고 있습니다. 그리고 제 이름은 장진구입니다."

경찰은 이 말을 듣고 저 씨와 진 씨 집으로 가서 엄밀한 조사를 벌였어요. 네 시간 후 진동손이 보증을 서고 난 뒤에야 풀려날 수 있었어요. 이후에도 나는 배 위에서 생활했지요.

그사이 박찬익과 엄항섭, 안공근은 외교와 정보 활동을 하고 있었어요. 박찬익은 남경에서 중국 국민당 당원으로 있었기 때문에 중국 정부에서 중요한 일을 하는 사람들과 친하게 지내고 있었어요. 중앙 당부 조직부장인 진과부를 만나게 된 것도 박찬익 덕분이었어요.

진과부는 장제스(장개석) 장군과 만날 수 있도록 도와주었어요. 안공근과 엄항섭, 그리고 통역을 해 줄 박찬익과 함께 장제스 장군의 집으로 향했어요. 장제스 장군과 간단한 인사를 나눈 뒤 내가 말했어요.

"일본이 시시각각 중국 대륙을 침입하고 있습니다. 사람들을 밖으로 내보내 주시면 필담(글로 묻고 대답하는 것)으로 몇 마디 올리겠습니다."

장제스 장군은 사람들을 내보내고 직접 붓과 벼루를 가져왔어요.

"선생이 백만 원의 돈을 주신다면 이 년 이내 일본과 조선, 만주 세 지역에서 큰 폭동을 일으켜 대륙 침략을 위한 일본의 교량을 파괴할 것입니다. 어떻게 생각하십니까?"

내가 이렇게 쓰자 장장군은 붓을 들어 답했어요.

"상세하게 계획을 작성해 내게 보고해 주시오."

나는 그러겠다는 말을 남기고 방을 나왔어요. 그리고 다음 날 간략하게 계획서를 작성해 보냈어요. 그다음 날 진과부가 나를 초청해 별장에서 연회를 베풀었어요.

"천황을 죽이면 천황이 또 있고, 대장을 죽이면 대장이 또 있지 않습니까? 미래를 위해 독립을 하려면 군인을 양성해야 하지 않겠습니까?"

그가 물었고 내가 이렇게 대답했습니다.

"그것이 내가 진실로 바라는 점입니다. 문제는 장소와 돈이지요."

결국 낙양 분교에 군관 백 명씩 양성하기로 약속했어요. 나는 옛 독립군들을 소집했어요. 지청천, 이범석, 오광선, 김창환, 한국인 청년, 중국인 청년들이 모두 모였습니다. 백 명을 제1차로 학교에 진학하게 하고 지청천과 이범석은 교관과 영관으로 근무하게 했어요.

이때 통일 바람이 일어났어요. 의열 단장 김원봉이 찾아와 통일 운동에 참가하는 것이 어떻겠냐고 물었지만 나는 거절했어요.

결국 5당 통일회가 개최되었고 다섯 개의 당이 합쳐진 조선 민족 혁명당이 탄생했습니다. 이들 가운데 임시 정부를 없애자고 주장하는 사람들이 있었어요. 나는 이 소식을 듣고 위원들과 임시 정부 유지 문제를 협의했어요. 나를 포함해 이동녕, 조완구 세 명을 새 국무 위원으로 뽑고 국무 회의를 진행했어요. 나는 임시 정부를 튼튼히 할 단체가 필

한국 독립당 창당

요하다고 생각했어요. 그래서 한국 국민당을 조직했어요.

　낙양 군교 한인 학생 1기는 졸업을 했지만 이후 다시 받지 말라는 상부의 명령이 있었어요. 중국에서의 한인 군관 양성은 결국 이렇게 허무하게 끝나고 말았어요.

　나의 남경 생활도 점점 위험해졌어요. 내가 남경에 있는 것을 안 일본이 암살대를 파견한다는 보도가 있었던 거예요. 나는 여전히 광동 해남도 사람 행세를 했어요.

　시국은 점점 급박해졌어요. 한국 국민당과 조선 혁명당, 한국 독립당과 미주, 하와이 각 단체를 연결해 민족 진선을 결성했어요. 임시 정부

를 옹호하고 지지하면서 정부는 점점 발전해 갔습니다.

중일 전쟁에서 중국은 많이 밀리고 있었어요. 일본의 비행기가 남경을 폭격했어요. 남경이 위태로워지자 중국 정부는 중경을 전시 수도로 정했어요. 나는 둔계 중학에 재학 중인 아들 신이를 불러왔어요. 그리고 어머님도 모셔와 안공근 식구와 함께 영국 배를 타고 한커우(중국 후베이 성의 동쪽)를 향해 떠났어요.

어머님의 이야기를 빠뜨려서 조금 거슬러 올라가 이야기를 해 볼까 합니다.

어머님은 세 살배기 신이에게 우유를 먹이면서 길렀는데 밤에 잘 때는 어머님의 빈 젖을 물려 재웠어요. 상해에 있을 때 우리는 매우 가난했어요. 어머님은 집 뒤쪽 쓰레기통 안에 채소 장수가 버린 배추 껍데기를 골라 반찬을 만들었어요.

하지만 아무리 노력해도 생활이 나아지지 않자 어머님은 네 살도 안 된 신이를 데리고 귀국하셨어요. 나는 인이를 데리고 단층집에서 몇몇 동지들과 함께 살았어요. 어머님께서 담아 주신 우거지 김치를 두고두고 먹으면서 말이에요.

"사리원에 도착하신 후 안악에 있는 김홍량에게 연락해 마중을 나오면 따라가십시오. 소식이 없으면 송화 득성리 이모 댁으로 가세요."

어머님이 상해를 떠나실 때 나는 이렇게 부탁했어요. 어머님은 내 말대로 김홍량에게 연락했지만 아무 소식이 없자 송화 이모 댁으로 가셨

어요. 두세 달 후 김용제의 큰아들이 어머님을 찾아와 안악으로 모셔가 겠다고 했어요.

"일본 경찰이 와서 하는 말이, 우리가 할머님에게 자금을 보내 상해에 계신 김 선생님에게 독립 자금을 공급하는 것 아니냐는 것이었습니다. 집안 어른들이 얼른 할머님을 모셔 와야 한다기에 이렇게 찾아왔습니다."

이 말을 들은 어머님은 불같이 화를 내셨어요.

"내가 연락했을 땐 아무 답도 없다가 일본 순사의 심부름에는 이리도 빨리 온 것이냐?"

그는 용서를 구했어요. 그리고 봄이 되었을 때 안악으로 가셨어요.

어머님은 상해에 있는 아들과 손자를 잊지 못해 생활비를 절약해 돈을 부치셨습니다. 하지만 큰 도움이 되지 못하리란 것을 아셨기에 인이도 보내라고 하셨어요.

어머님이 안악에 계실 때 동경 사건이 일어나자 순사들이 주택을 포위하고 며칠을 경계했어요. 홍구 사건 이후에는 더 심했다고 해요. 나는 비밀리에 어머님께 연락했어요.

"어머님께서 아이들을 데리고 중국에 오셔도 전처럼 굶지는 않을 겁니다. 그러니 오실 수 있으면 다시 오십시오."

어머님은 다른 여성들과 달리 매우 용감하셨어요. 안악 경찰에 출국원을 제출하면서 어머님은 이렇게 말씀하셨어요.

"이제 늙어 죽을 날이 며칠 남지 않았으니 손자 둘을 제 아버지에게 맡기러 가야겠소."

허가를 얻은 어머님은 집을 돌아와 짐을 챙겼어요. 그런데 경성 경시청에서 요원을 파견해 어머님을 협박하기 시작했어요.

"상해의 일본 경관들이 당신 아들을 체포하려 해도 찾지 못하는데 노인이 어찌 찾을 수 있단 말이오? 상부 명령으로 당신의 출국은 허락하지 않으니 집에서 지내시오."

어머님은 크게 화를 내셨어요.

"내 아들을 찾는 데는 내가 당신들보다 나을 것이다. 중국으로 가려고 살림살이도 다 처분했는데 이제 와서 출국을 금지하다니, 남의 나라를 빼앗아 얼마나 오래갈 것 같으냐!"

이렇게 소리치고 어머님은 기절하셨어요. 어머님은 깨어나 출국하지 않기로 결심하시고는 몇 달 뒤 신이를 데리고 신천읍으로 떠나셨어요. 그리고 재령, 사리원을 거쳐 평양에 도착했어요. 거기서 숭실 학교에 재학 중인 인이를 불러 안동행 열차를 타셨어요. 일본의 검문도 무사히 통과하며 어머님은 가흥의 엄항섭의 집으로 오셨어요. 남경에서 이 소식을 듣고 나는 즉시 가흥으로 떠났어요. 헤어진 지 구 년 만에 어머님을 만났던 거예요.

"나는 지금부터 '너'라는 말을 고쳐 '자네'라 할 것이네. 잘못을 저질러도 말로 꾸짖고 회초리는 쓰지 않겠네. 자네가 군관 학교를 하면서

많은 청년을 거느리고 있다는 말을 들었기에 나도 체면을 세워 주려는 것일세."

구 년 만에 어머님이 하신 첫 말씀이었어요.

그 후 나는 어머님과 남경으로 갔다가 남경이 일본에 함락되면서 장사로 이동했어요. 남경에서 어머님 생신 때 청년단과 우리 동지들이 돈을 모아 생신상을 차리려고 하자 어머님은 제안 하나를 하셨어요.

"그 돈을 나에게 주면 맛있는 음식을 만들어 드리리다."

그래서 우리는 어머님께 돈을 드렸어요. 하지만 어머님은 그 돈에 자신의 돈을 보태어 권총을 구입하셨어요. 그리고 이것으로 일본 놈들을 죽이라며 청년단에 보내셨습니다.

어머님은 이렇게 오십여 년을 고생하시다가 나라가 독립되는 것도 보지 못하고 돌아가시고 말았습니다.

21 광복군의 탄생

나는 중경에 도착해 중국 당국에 연락을 했어요. 그들이 자동차를 무료로 빌려준 덕에 많은 짐을 무사히 운반할 수 있었어요. 또 진제 위원회와 만나 땅을 구입했고 그곳에 기와집을 지었어요. 또한 도로변에 있는 2층 기와집 한 동을 매입해 백여 식구가 머물 곳을 정해 주기도 했어요. 나는 중앙 당국에서 일하는 서은중을 만났어요.

"중국이 일본과의 전쟁으로 곤란을 겪는 와중에 이런 부탁을 하게 되어 미안합니다. 미국에 만여 명의 동포들이 나를 부르고 있고 일본과의 전쟁을 준비 중인 미국과 외교도 시작하고 싶습니다. 돈도 준비가 되어 있으니 여행권 수속만 부탁하겠습니다."

"선생이 중국에 있으니 중국과 관계를 맺고 난 뒤에 해외로 나가는 것이 낫지 않겠습니까?"

"나 역시 그런 이유로 여러 해 중국에 있었습니다. 하지만 중국이 대여섯 개의 대도시를 빼앗기고 일본과 전쟁하는 것을 보면서 차마 한국 독립을 도와 달라고 요구할 수가 없습니다."

"책임지고 선생의 계획서를 상부에 보고 하겠습니다. 한 부를 작성해 보내 주십시오."

나는 광복군의 결성을 허락해 달라는 내용의 계획서를 작성해 장제스 장군에게 보냈어요. 그랬더니 바로 답장이 왔어요. 김구의 광복군 계획을 흔쾌히 허락한다는 내용이었어요.

임시 정부에서는 지청천을 광복군 총사령으로 임명하고 미주, 하와이 동포들이 원조한 삼, 사만 원을 모았습니다. 그리고 중경 가릉빈관이라는 작은 식당으로 중국과 서양 인사를 초청했어요. 우리 한인들도 총동원되었어요. 그리고 한국 광복군 총사령부 성립 전례식이 거행되었어요.

이어 삼십 명의 간부를 선발했어요. 먼저 파견되었던 조성환 일행을 합류시켜 한국 광복군 사령부를 설치했어요.

모든 비용은 미주, 하와이, 멕시코, 쿠바의 교포들이 보내 주는 것으로 충당했어요. 장제스 부인 쑹메이링 여사의 부녀위로총회에서도 특별 위로금으로 십만 원을 보내 주었습니다.

하지만 비통한 일도 있었어요. 대가족 중에 사라진 식구들이 있었거든요. 상해에 있는 오영선, 이의순 부부와 그 자녀들이었어요. 그들 중

한국광복군
성립 전례식

오영선은 신체에 장애를 입어 움직일 수 없었어요. 그래서 우리에게 합류할 수 없었지요.

이명옥의 가족도 우리와 함께하지 못했어요. 이명옥은 금천 사람으로 삼일 운동에 참여해 일본의 정탐꾼을 암살한 뒤 상해로 와서 민단 사무원이 되었어요. 남경으로 이주한 뒤에도 종종 비밀 공작원으로 일했는데 일본에게 체포되어 본국으로 끌려가 이십 년의 징역형을 받고 말았어요.

이명옥의 부인 이정숙은 본국으로 돌아가지 않고 자녀를 데리고 계속 상해에서 지내고 있었어요. 내가 남경에 있을 때 생활비를 보내 주다가 우리와 함께하자고 요청했어요. 부인은 감옥에 있는 남편에게 두 달에 한 번씩 편지를 보냈는데 차마 상해를 떠나지 못하겠다며 거절했어요.

그러다 큰아들 호상이 조선 의용대에 참가해 활동하다 몰래 어머님을 만나러 왔어요. 결국 발각되어 이정숙도 체포되고 말았어요. 아들이 있는 곳을 발설하지 않자 왜놈들은 즉시 이정숙을 죽였어요. 큰아들 호상은 동지 세 명과 기차를 타고 도망치다가 차 안에서 체포되었어요. 국내로 호송되던 중 호상은 배 안에서 작은누이를 만났어요. 누이로부터 어머님과 어린 동생이 왜놈에게 살해되었다는 말을 들은 그는 기절해 죽고 말았어요.

정말 비통하고 슬픈 일입니다. 이러고도 그들이 인간이라 할 수 있을까요? 나라를 잃은 뒤 왜구에게 목숨을 잃은 가족이 얼마나 많을까요? 상해 운동가들이 겪은 일 중에서 이명옥이 당한 비극이 가장 컸습니다.

그 후 광주에서 조성환, 나태섭 두 동지와 함께 중경으로 가던 중 나는 조선 혁명당에서 활동했던 현묵관의 묘소를 찾아 절을 하자고 제안했어요. 하지만 두 동지는 참배를 만류했어요. 내 몸이 완전히 회복되지 않았기 때문이었어요. 장사에서 귀양행 차를 타고 가던 도중 두 동지가 길가 산 중턱에 서 있는 비석을 가리키며 말했어요.

"저것이 현묵관의 묘입니다."

나는 현묵관의 묘를 향해 목례를 했어요.

'당신의 불행으로 인해 사업에 지장이 생겼으나 그것을 이제 어찌하겠습니까? 편히 쉬십시오. 그대의 부인, 그대의 아들은 내가 안전하게 보호할 것입니다.'

무정한 차는 비석조차 보여 주지 않고 그대고 질주해 버렸어요.

어머님께서는 중경에서 세상을 떠나셨어요. 대가족을 따라 기강에 도착한 지 일 년이 지났을 때 이동녕 선생도 일흔한 살의 노령으로 세상을 떠났어요.

내가 선생을 처음 만난 것은 삼십여 년 전이었어요. 을사늑약 때 경성의 상동 예수 교당에서 같이 상소 운동에 참여했지요. 한일 합병 이후에는 양기탁의 집에서 만나 간도 무관 학교 설립에 대한 사무 업무를 모두 맡기기도 했어요. 그 후 상해에서 다시 만나 이십여 년의 고초를 같이 겪으면서 한마음 한뜻으로 지냈어요.

선생은 평생 동안 동지들을 도우며 살았어요. 나는 일이 생길 때마다 선생을 생각했어요. 이렇게 생각한 사람이 어디 나 혼자일까요? 선생의 죽음은 우리 독립운동계의 큰 손실이었어요.

손일민 동지도 세상을 떠났어요. 나라를 되찾겠다는 큰 뜻을 품고 만주에서 활동하던 그는 예순이 되도록 병을 안고 지내다가 결국 죽고 말았어요.

임시 정부와 독립당, 광복군은 삼위일체였고 그 중심인물은 한독당 당원들이었어요. 하지만 한독당은 나이 많은 선배들이 계신 곳이라 돌아가시는 분이 많았어요. 이는 어쩔 수 없는 사실이었어요.

이제 대가족 명부를 작성해 후세에 남길 생각이에요. 상해에서 살던 오백여 명의 동포가 전부 대가족이라고 할 수 있지만 지금 기록하는 대가족은 홍구 폭탄 사건으로 상해를 빠져나온 동지들과 그 가족들이 대부분이랍니다.

손일민, 이광 등의 동지 들은 북경에서 여러 해 살다가 가족을 데리고 남경에서 합류했어요. 대부분 상해를 빠져나왔지만 두 개의 파로 갈라지고 말았어요. 한쪽은 김원봉의 조선 민족 혁명당이었고 우리 쪽은 한국 국민당, 조선 혁명당, 한국 독립당 세 당이었어요. 김원봉은 동지들과 가족들을 데리고 남경을 빠져나와 중경으로 갔어요. 나는 동지들과 장사로 가서 8개월, 광주에서 3개월, 유주에서 몇 개월, 기강에서 일 년 정도 있다가 토교 동감으로 왔어요. 새로 지은 집에서 가족 모두 머물렀어요.

중경으로 가서 중경 남안의 아궁보 손가화원을 방문했어요. 김원봉은 광서 유주로 출장 중이었어요. 김두봉, 윤기섭, 김홍서, 최우강, 성주식 등과 민족 해방 동맹의 현정경, 김성숙, 박건웅 등 공산당을 자처하는 간부들이 환영회를 열어 주었어요.

그 자리에서 나는 각 단체를 통일하는 것이 옳다고 제안했어요. 많은

사람이 내 말에 찬성했어요. 그러나 많은 간부가 도착하기 전이었어요. 그래서 우리는 중국 중앙 당부와 교섭해 화물차 일곱 대를 유주로 보내 그들을 중경으로 데리고 왔습니다. 하지만 칠십여 명이 살 집을 구하기는 힘들었어요.

결국 중경에서 사백 리 떨어진 기강현성에 임시로 거주하게 했어요. 나는 통일을 위해 기강에서 민혁, 해방 양 단체 간부들과 5당 통일 회의를 개최했어요. 며칠 동안 토의했지만 해방, 민혁 양 단체는 민족주의를 신봉할 수 없다는 이유로 탈퇴했어요. 결국 3당 통일로 한국독립당이 결성되었어요. 한국 독립당의 주요 강령은 한국 임시 정부를 옹호하고 지지하는 것이었어요.

나는 군대가 없는 것이 너무나 원통해 중국 장제스에게 한국광복군 조직 계획안을 보냈어요. 그는 허락한다고 답변했어요. 그러나 전쟁으로 인해 중국 정부는 매우 혼란스러웠어요. 이 때문에 광복군 추진을 중국 정부에만 의존할 수 없었지요. 우리는 미주 한인 동포들이 보내온 금액 중 4만 원을 지출해 광복군 성립 전례식을 거행했어요.

총사령부를 중경에 설치하고 총사령에 지청천, 참모장 중국인, 재무과장 중국인, 고급참모 최용덕, 한인참모장 왕일서, 제1지대장 김원봉, 제2지대장 이범석, 제3지대장 김학규를 임명했어요.

그러던 어느 날, 가슴에 태극기를 붙이고 애국가를 부르는 청년들이 임시 정부 청사 안으로 들어왔어요. 이들은 화북에 있는 일본군 부대를

탈출한 한인 학병 청년들이었어요. 제3지대장 김학규의 지령으로 정부에 호송된 것이었어요.

이는 큰 반응을 불러일으켰어요. 중국 각계 인사들이 중한 문화 협회에서 오십여 명의 청년 환영회를 개최했어요. 서양의 기자들과 각국 대사관원들도 호기심 어린 눈길로 바라보았지요. 그들은 청년들에게 수시로 질문을 했어요. 그중 한 청년이 이렇게 말했어요.

"우리는 어렸을 때부터 일본의 교육을 받았습니다. 이런 이유로 우리의 역사도 잘 모르고 언어마저 능숙하지 못합니다. 징병으로 출전하게 되어 가족과 이별 인사를 나누러 갔더니 부모님과 조부모님이 비밀리에 제게 말씀하셨습니다. '우리의 독립 정부가 중경에 있으니, 왜군 앞잡이로 끌려가 개죽음 당하지 말고 우리 정부를 찾아가서 독립 전쟁을 하다 영광스럽게 죽어라.' 그리고 이 말대로 일본 부대에서 탈출해서 우리 정부를 찾아온 것입니다."

이 말에 한인 동포와 연합국 인사들은 큰 감동을 받았어요.

22 해방이 되다

제2지대는 OSS(미국 전략사무국) 주관자 사전트 박사와 이범석 지대장이 합작해 서안(중국 산시성 성도)에서 비밀리에 훈련을 실시했어요. 우리말에 능숙한 윔스 중위는 부양(중국 장시성 북동부)에서 김학규 대장과 합작해 비밀 훈련을 했어요. 석 달간의 훈련을 마치고 미국 작전부장 도노반 장군과의 회담을 위해 미국으로 떠났어요.

제2지대 본부 사무실 정면 오른쪽에는 태극기가 걸려 있었어요. 나는 그 밑에 앉았고 도노반은 성조기 밑에 앉았어요. 도노반 앞에는 미국 훈련관들이 앉았고 내 앞에는 제2지대 간부들이 앉았어요. 도노반 장군이 선언을 발표했어요.

"오늘부터 아메리카 합중국과 대한민국 임시 정부의 적 일본에 항거하는 비밀공작이 시작되었습니다."

도노반과 내가 기념사진을 찍는 것으로 의식은 끝났어요.

다음 날 미국 군관들은 비밀 훈련을 받은 학생들의 실전 실력을 실험해 보고 싶다고 요청해 왔어요. 우리는 함께 종남산 고찰에 있는 비밀 훈련소로 향했어요. 산 입구에 차를 버리고 걸어서 더 들어갔어요. 마침 점심시간 때여서 우리는 미국 군대식으로 점심을 먹었어요.

맨 먼저 물통을 뜰에 가져다 놓았어요. 그리고 군대에서 국과 물을 담는 그릇으로 쓰는 철기와 종이 갑을 일 인당 한 개씩 나누어 주었어요. 종이 갑을 풀어 보니 과자 비슷한 것이 다섯 개씩 들어 있었어요. 여러 가지 통조림, 휴지 등도 들어 있었어요. 종이로 싼 가루 한 봉지를 물에 섞으니 훌륭한 고깃국이 되었어요. 군대 식사 하나만 봐도 일본이 질 것은 분명한 사실이었어요.

만족스럽게 점심 식사를 한 후 참외와 수박을 먹었어요. 그리고 미국 장교들이 청년 학생들을 교육하는 것을 구경했어요.

첫 번째로 본 것은 심리학 박사가 각 학생들의 심리를 시험하는 것이었어요. 모험성이 풍부한 자는 파괴 기술을, 지적 능력이 강한 자는 적을 정탐하는 기술을, 눈이 밝고 손재주가 있는 자는 무전기 사용법을 가르쳤어요. 심리학자가 시험 성적을 보고했는데 특히 한국 청년은 앞으로의 기대가 발전된다고 덧붙였어요.

그다음은 청년 일곱 명이 종남산 봉우리에서 절벽 아래로 내려가 적을 탐지하고 올라오는 것이 목표였어요. 소지품은 밧줄 하나였어요. 청년 일곱 명은 어떻게 할 것인지 회의했어요. 그들은 밧줄을 여러 번 매

듭지은 후 한쪽 끝은 바위 위에 묶고, 다른 끝은 절벽 아래로 떨어뜨린 후 그 줄을 타고 내려갔어요. 그리고 나뭇가지를 하나씩 입에 물고 올라왔어요. 목표를 달성한 것이었어요.

이를 지켜본 미국 교관이 말했어요.

"내가 중국 학생 사백 명을 모아 시험했을 때도 발견하지 못한 해답을 한국의 청년 일곱 명이 찾아냈습니다. 앞날이 희망차 보입니다."

그는 크게 칭찬했어요. 그 후 폭파 기술, 사격술, 비밀 도강술 등을 차례로 시험했어요. 나는 시찰을 무사히 마친 후 두곡으로 돌아왔어요.

두곡에서 하룻밤을 묵고 다음 날 서안의 중국 친구들을 만났어요. 그리고 섬서성 주석인 축소주 선생을 만났어요. 그는 저녁 식사에 나를 초대했어요. 또 나를 위한 연회를 개최하겠다고 했어요. 서안 부인회에서도 나를 환영하기 위해 연극을 준비하는 중이라고 했고, 각 신문사에서도 환영회를 개최하겠으니 참석해 달라고 요청했어요.

그날은 우리 동포 김종만의 집에서 보냈어요. 다음 날 서안의 명소를 관람하고 축소주 주석 집에서 저녁을 먹고 있는데 전화벨이 울렸어요. 축주석은 놀라며 자리에서 일어났어요.

"중경에서 무슨 소식이 있는 듯합니다."

그는 전화가 있는 방으로 달려갔어요. 그리고 놀란 표정으로 돌아와 말했어요.

"일본이 항복을 한답니다."

이 소식은 내게 좋은 소식이 아니었어요. 하늘이 무너지고 땅이 꺼지는 일이었지요. 수년 동안 노력해 참전을 준비한 것도 모두 허사로 돌아가고 말았어요. 나는 서안 훈련소와 부양 훈련소에서 훈련받은 우리 청년들을 미국 잠수함에 태워 본국으로 침입하게 할 계획이었어요. 국내 요소에서 각종 공작을 개시해 인심을 선동하게 하고 비행기로 무기를 운반할 것을 미국 육군과 긴밀하게 협의한 상태였어요.

그런데 이런 계획을 한 번도 실시하지 못하고 일본이 항복했으니, 지금까지 들인 정성이 아까우면서 앞으로의 일이 걱정되었어요.

나는 얼른 축소주 주석의 집에서 나왔어요. 큰길로 나가자 많은 사람들이 구름처럼 모여 있었어요. 만세 소리가 크게 울려 퍼졌어요. 나는 약속한 환영 준비를 전부 취소하고 그날 밤 바로 두곡으로 돌아왔어요.

우리 광복군은 참담한 분위기에 잠겼어요. 계획했던 임무를 달성하지 못한 채 전쟁이 끝나 버렸기 때문이었어요. 반면 미국 교관과 군인들은 매우 기뻐했어요. 미국은 한국 병사 수천 명을 수용할 장소를 두곡에 건설하고 있었어요. 하지만 그날부터 그 공사도 모두 중지되었어요. 나의 원래 목적은 서안에서 훈련을 마친 청년들을 본국으로 돌려보내는 것이었어요. 그다음 부양으로 가서 그곳에서 훈련을 받은 청년들도 본국으로 돌려보낼 예정이었어요. 이 역시 모두 물거품이 되고 말았어요.

나는 여객기를 타고 중경으로 돌아왔어요. 미국 군인 몇 명과 이범석

지대장, 청년 네다섯 명 등은 서울로 출발했어요. 영등포에 도착해 하룻밤을 지낸 그들은 일본의 항복으로 다시 서안으로 돌아와야 했어요.

중경에 오니 중국은 혼란 상태에 빠져 있었어요. 우리 한국도 앞으로 어찌해야 할지 방향을 잡지 못하고 있었어요. 임시 정부에서는 의정원을 개회했어요. 국무원이 총사직을 한다, 임시 정부를 해산하고 본국으로 돌아가자는 등 의견이 분분했어요. 그러다 주석이 중경으로 돌아온다는 소식이 있으니 주석의 의견을 듣고 결정하자고 의견을 모았어요.

나는 회의에 참석했어요.

"임시 정부 해산과 총사직은 말도 안 됩니다. 서울에 들어가 국민에게 정부를 바치고 난 뒤 국무 위원이 총사직해야 합니다."

내가 주장했어요. 그때 14개조 원칙을 결정했어요. 미국 측은 미군 군정부가 서울에 있으니 임시 정부는 개인 자격으로 입국하라고 통보했어요. 나는 결국 개인 자격으로 입국하기로 했어요.

칠 년간의 중경 생활을 마치게 되자 감정이 북받쳐 올라왔어요. 나는 어머님의 묘소와 인의 묘지를 찾아갔어요. 미리 준비한 꽃을 바치고 축문을 낭독한 뒤 묘지기를 불러 돈을 주며 분묘를 잘 관리해 달라고 부탁했어요.

한국으로 돌아갈 준비를 하기 위해 가죽 상자 여덟 개를 사서 정부 문서를 정리했어요. 중국 정부와 연락을 하기 위해 주화 대표단을 설치하고 단장에 박찬익, 간부에 민필호, 이광, 이상만, 김은충 등을 선임했

어요.

　중국 공산당 본부는 우리 임시 정부 국무원 전체를 초청해 송별회를 열어 주었어요. 국민당 정부에서도 송별회가 있었어요. 장제스 주석과 수백 명의 인사들이 모였어요. 장제스 주석과 쑹메이링 여사는 앞으로 중국과 한국의 영원한 행복을 도모하자고 연설했어요. 우리 측이 답사를 하는 것으로 송별회는 끝났어요.

　마침내 중경을 떠나게 되었어요. 국무 위원과 일반 직원이 비행기 두 대에 탑승했어요. 중경을 출발한 지 다섯 시간 만에 상해에 도착했어요. 오후 여섯 시였어요. 비행장에는 환영을 나온 사람들도 가득했어요. 그 비행장은 홍구 신공원이었어요. 일본 영사관이 가까이 있었기 때문에 나는 십사 년 동안 한 번도 신공원에 가 본 적이 없었어요.

　상해에 사는 동포 육천여 명이 아침 여섯 시부터 저녁 여섯 시까지 내가 오기만을 기다리고 있었어요. 나는 차에서 내렸어요. 그곳에는 높은 축대가 있었는데 나는 거기에 올라가 동포를 향해 인사했어요. 나중에 알고 보니 그곳이 바로 십삼 년 전 윤봉길 의사가 왜적 시라카와 등을 죽인 곳이었어요. 일본이 기념을 위해 그곳을 군사 훈련 장교들의 지휘대로 사용해 왔다는 이야기를 들었을 때 십삼 년 전 그날의 기억이 떠올라 감개무량했어요.

　세상의 모든 일이 어떻게 우연일 수 있을까요? 상해에 사는 동포는 십삼 년 전보다 훨씬 증가했지만 일본과의 전쟁으로 어려운 생활을 겪

어야 했어요. 사업을 하는 사람들 중에는 나쁜 방법을 이용하기도 했어요. 이런 상황에서 독립 정신을 굳게 지키며 일본의 앞잡이가 되지 않은 사람들은 십여 명에 불과했어요. 그들의 지조를 높이 여겨 우리는 서병호의 자택에서 만찬회를 열고 기념사진을 촬영했어요.

상해의 모든 동포들이 열렬한 환영회를 열어 주었어요. 십삼 년 전에 본 어린아이들은 벌써 어른으로 성장해 있었고 청년들은 이미 나이가 들어 옛 얼굴을 찾아 보기 어려웠어요.

나는 구 프랑스 조계 공동묘지를 찾아갔어요. 아내의 묘지를 찾아갔지만 분묘는 흔적도 없었어요. 내가 의아해하자 십 년 전에 묘를 옮겼다고 묘지기가 알려 주었어요. 나는 아내의 새 묘지를 찾아가 참배했어요. 그리고 십여 일 후 다시 미국 비행기를 타고 한국으로 출발했어요.

23 아, 나의 조국!

고국을 떠난 지 이십칠 년. 기쁨과 슬픔이 뒤섞인 채 나는 김포 비행장에 도착했어요. 내가 해외에 있을 때 걱정했던 것은 우리 후손들이 일본의 압제에 기를 펴지 못하면 어쩌나 하는 것이었어요. 하지만 책가방을 메고 지나다니는 학생들의 활발한 모습을 보니 우리 민족의 앞날이 기대되었어요. 이것은 기쁨의 마음이었어요. 하지만 빈틈없이 붙어 있는 동포들의 집들을 보니 그들의 생활 수준이 얼마나 열악한지 느낄 수 있었어요.

나는 윤봉길과 이봉창, 김경득의 유가족이 있으면 찾아오라고 도착 즉시 신문에 보도했어요. 윤봉길 의사의 자제와 이봉창 의사의 조카딸이 나를 찾아왔어요. 김경득 선생의 아들 윤태는 이북에 있는 관계로 오지 못했어요. 대신 그 친딸과 친척 등이 강화와 김포에서 나를 찾아왔어요.

대한민국 임시 정부
서울 운동장 환영식

　이십칠 년 만에 고국에 돌아왔지만 삼팔선 때문에 고향에는 가 볼 수 없었어요. 대신 친척들을 만나 기쁨을 나누었지요.

　국내에서 환영회를 열었어요. 우리 일행은 개인 자격으로 입국했지만 국내 동포들이 정식으로 '임시 정부 환영회'라고 크게 쓴 글씨를 태극기와 함께 흔들었어요. 수십만 민족들이 나와 반겨 주었습니다. 해외에서 겪은 온갖 고통을 걱정하고 위로하는 듯 보였어요.

　행렬을 마친 후 덕수궁에서 연회가 열렸어요. 서울 기생이 사백 명 이상 모였고 식탁이 사백 개나 되었어요. 하지 중장을 비롯해 미국 군

정 간부들과 참석한 동포들이 모두 헤아릴 수 없을 정도로 많았어요. 덕수궁 광장이 비좁을 지경이었지요.

서울만 그런 것이 아니었어요. 인천과 개성 등 지방의 여러 지역에서도 임시 정부 환영회를 열었어요. 하지만 이북에서는 환영회 대신 거친 욕설을 퍼붓고 있었어요. 나는 깊은 탄식을 내뱉었어요.

1946년 나는 삼팔선 이남 지방을 순회하기 시작했어요. 먼저 인천으로 갔어요. 인천은 의미심장한 역사의 장소라고 할 수 있었어요. 옛일을 다시 떠올려 보면, 스물두 살 때 나는 인천 감옥에서 사형 선고를 받았고 스물세 살 때 탈옥했어요. 마흔한 살 때 십칠 년 징역을 선고받고 다시 인천 감옥으로 이감되었어요. 십칠 년 전에 탈출했던 그 감옥에 다시 들어갈 때는 감옥도 나를 알아보는 듯 옛날 그대로 나를 맞아 주었어요. 그러나 십칠 년 전 김창수는 김구로 이름을 바꾸었고 세월 또한 많이 흘러 나를 알아보는 사람은 거의 없었어요.

구속되어 일을 했던 곳이 축항 공사장이었어요. 그 항구를 바라보니 나의 피와 땀으로 젖어 있는 듯했어요. 부모님께서 면회를 올 때마다 이용하시던 길에는 눈물의 흔적이 남아 있는 것 같았어요. 지난날의 감회에 젖었던 인천 순회를 성황리에 마쳤어요.

두 번째로 간 곳은 공주 마곡사였어요. 충청남북 십여만 동포들이 운집해 열렬히 환영해 주었어요. 감격스러운 환영회를 마치고 나는 돌아가신 김복한 선생의 영정과 최익현 선생의 영정을 찾아뵈었어요.

마곡사로 향할 때 각 군의 정당, 사회단체의 대표자 삼백오십 명 이상이 나를 따라왔어요. 소식을 전해 들은 마곡사에서는 승려들이 공주까지 나와 있었어요. 마곡사 동구에 남녀 승려들이 서서 정성껏 환영해 주었어요. 옛날 일개 승려였던 사람이 한 나라의 주석이 되어 돌아왔다며 감격했기 때문이었어요.

　법당 문 앞에 도착하니 대웅전 기둥에 걸려 있는 주련이 변하지 않은 모습 그대로 걸려 있었어요. 나는 사십팔 년 전에 무심히 읽었던 그 글귀를 자세히 읊어 보았어요.

　물러나 속세의 일을 돌아보니
　마치 꿈속의 일만 같다.

　지나온 일을 생각하며 읽으니 이 글귀가 마치 나를 위해 존재하는 것 같았어요.

　나는 옛날 용담 스님에게 보각서장(보각 선사의 글을 모아서 제자들이 편찬한 책)을 배우던 염화실에서 하룻밤을 보냈어요. 그날 밤 승려들은 나를 위해 정성껏 불공을 올렸어요.

　다음 날 아침 나는 영원히 잊지 않겠다는 의미로 무궁화 한 포기와 향나무 한 그루를 심고 마곡사를 떠났어요.

　세 번째로 간 곳은 윤봉길 의사의 본가였어요. 거기서 윤 의사의 기

념제를 거행하고 서울로 돌아왔어요.

나는 일본에 체류하고 있던 박렬 동지에게 조국 광복을 위해 몸을 바친 윤봉길, 이봉창, 백정기 세 열사의 유골이 한국으로 돌아올 수 있도록 해 달라고 부탁했어요. 그리고 국내에서 장례 준비를 진행했어요. 그러던 중 유골이 부산에 도착했다는 소식을 듣게 되었어요.

나는 특별열차를 타고 부산으로 갔어요. 세 열사의 유골 봉환식을 거행하고 영구를 봉환하기 위해 서울로 출발했어요. 부산역 앞에서 서울까지 각 역마다 사회단체와 교육 기관, 일반 인사들까지 운집해 있었어요. 그들은 추도식을 거행하며 슬퍼했어요.

서울 도착 즉시 영구를 태고사(현재 조계사)에 봉안하고 동포 누구라도 경의를 표할 수 있도록 했어요. 나는 용산 효창원에 열사의 유골을 매장했어요. 그것은 서울의 역사 이래 처음 보는 장례식이었어요. 미군 군정 간부들도 전부 참석했어요. 조선인 경관은 물론 지방 각지에 있는 육군, 해군 경비대까지 집합했어요. 태고사부터 효창원까지 사람들로 북적거렸어요. 이 때문에 전차와 자동차, 일본 보행자까지 모두 정지해야 했어요.

슬픈 음악을 연주하는 음악대를 앞에 세우고 사진 기자를 사이사이에 두었어요. 그다음 제전을 드리는 화봉대, 창공에 흩날리는 만장대가 따라갔어요. 그 뒤에 여학생들이 세 의사 상여를 모셨어요. 국왕의 장례식 때 이상으로 대성황을 이루었어요.

장지 제일 앞머리에 안중근 의사의 유골을 봉안할 자리를 비워 놓았어요. 그 아래로 세 열사의 유골을 차례로 모셨어요. 유가족의 눈물과 각 사회단체의 추도문 낭독으로 해마저 빛을 잃는 것 같았어요. 사진 촬영을 끝으로 장례식은 마무리되었어요.

얼마 후 다시 삼남 순회를 시작했어요.

제1차는 제주도였어요. 제주도에 있는 미국 군정청과 여러 단체들이 환영회를 개최했어요. 나는 해안으로 나가 제주도의 해녀들이 해산물을 잡아 오는 모습을 구경했어요. 비가 온 탓에 소망하던 한라산 관람은 하지 못했어요.

그 후 다시 부산역으로 갔습니다. 그곳에서 자동차로 갈아타고 해군 총사령관 손원일의 안내로 해안 경비대의 열병식을 마쳤어요. 그리고 임진왜란 때 충무공 이순신 장군이 왜적을 격침했던 한산도 제승당을 방문해 그의 영정에 참배했어요. 그런데 제승당이라 적힌 현판이 땅에 떨어져 있었어요. 그 이유를 물었더니 일제 강점기 때 떼고 달지 못한 것이라 했어요. 나는 지금까지 현판을 보관한 것만으로도 다행이라 생각했어요. 그리고 즉시 현판을 걸게 했어요.

그다음 나는 진해로 향했어요. 진해는 조선의 요새지이자 해군의 근거지일 뿐만 아니라 각종 해산물이 잡히는 곳이기도 했어요. 그곳에서 경비함을 타고 통영에 상륙해 여수와 순천 등지를 시찰했어요. 가는 곳마다 환영회가 끊이지 않았어요.

보성군 득량면 득량리는 사십팔 년 전 망명할 때 수개월 동안 머문 곳이었어요. 그곳에 사는 나의 동족들과 동포들의 환영으로 성대한 환영식을 치를 수 있었어요.

보성을 떠나 광주까지 가는 사이에 있었던 동포들의 환영은 설명하기 힘들 정도로 엄청났어요. 역마다 수많은 사람들이 나와 환영했는데 어떤 날은 세네 번 경유한 적도 있었어요. 광주에 도착하자 동포들이 내게 보낸 각종 기념 선물과 해산물, 육산물 등이 한가득 전해졌어요. 나는 광주에 전쟁 난민이 많다는 이야기를 들었기 때문에 시장을 초청해 이것을 그들을 위해 써 달라고 부탁했어요.

광주를 출발해 함평을 들렀어요. 그리고 김해, 창원, 진전으로 향했어요. 나는 독립운동을 하다가 고문을 받고 세상을 떠난 이교제 지사의 유가족을 만났습니다. 그 뒤 진주로 가서 애국 기녀인 논개의 혼을 위로하는 마음으로 촉석루를 시찰했어요.

전주와 목포, 군산, 강경 등지를 살펴보면서 이곳 모두 잊지 못할 역사가 있는 곳이라 생각했어요. 양봉구를 찾아가기 위해 목포에서 지게를 지고 노동자로 변장하던 일이 떠올랐어요. 나는 양봉구의 유가족을 탐문했으나 결국 찾지 못했어요.

군산을 거쳐 강경에 도착한 나는 공종렬의 소식을 알아보았어요. 그는 젊었을 때 자살해 자손이 한 명도 없다고 했어요.

춘천의 유인석 선생의 묘를 찾아가 참배하고 그 유가족을 위로한 뒤

서울로 돌아왔어요. 서울에서 휴식을 취한 뒤 다시 서부 일대를 돌아보기로 했어요.

가장 먼저 개성에 도착했어요. 만월대와 선죽교를 구경하고 개성 특산물인 고려 인삼 제조 공장을 방문했어요. 이때 개성의 각 사회단체와 동포들이 나와 환영식을 열어 주었어요.

다음 날 연안 온천에 도착했어요. 역 앞에는 마중 나온 동포들로 가득했어요. 연안 온천에서 하룻밤을 묵은 후 연안읍으로 향했어요. 나는 이창매 묘비를 찾아 참배했어요. 사십구 년 전 인천 감옥으로 이감되던 길에 효자 이창매 묘비 앞에서 쉬었던 일이 떠올랐어요. 나는 어머님이 앉으셨던 자리를 찾아보았어요. 묘와 산천은 옛 모습 그대로였어요. 주위 경관들도 그때 나를 구속하던 그 경관들과 비슷했어요. 그러나 문득 뒤를 돌아보니 그 옛날 나를 따라오시던 어머님의 얼굴만 찾을 수 없었어요. 눈물이 흘렀습니다. 중경에서 돌아가실 때 "나의 원통한 이 마음을 어찌하면 좋으냐." 하시던 어머님의 마지막 말이 떠올랐어요. 마치 지금 이 자리에서 나와 함께 옛이야기를 하지 못할 것이라 예측하신 것 같아 마음이 더 아팠어요.

서쪽 화상산 남쪽에 손자와 같이 누워 계신 어머님을 생각하니 슬픈 마음을 주체할 수 없었어요. 영혼이라도 고국에 돌아오셔서 나와 함께 환영을 받으신다면 위로가 되지 않을까 생각하니 만감이 교차했어요.

그 길로 나는 청단으로 갔습니다. 삼팔선 때문에 내가 태어난 고향을

멀리서 바라볼 수밖에 없었어요. 늦게 백천에 도착해 하루 종일 나를 기다렸던 동포들을 향해 간단한 강연을 했어요.

다음 날 백천을 떠나 서울로 향하는 길에 장단 고랑포에 들러 선조 경순왕릉에 참배했어요. 참배 후 문산에 도착해 환영회와 강연을 마치고 서울로 돌아왔어요. 서부 지방의 순회는 이로써 마감되었어요.

광복군 사열 장면

부록
나의 소원

"네 소원이 무엇이냐?" 하고 하나님이 물으시면, 나는 서슴지 않고 "내 소원은 대한 독립이오." 하고 대답할 것입니다.

"그다음 소원은 무엇이냐?" 하면, 나는 또 "우리나라의 독립이오." 할 것입니다.

또 "그다음 소원은 무엇이냐?" 하고 세 번째 묻는다면, 나는 더욱 소리를 높여서 "나의 소원은 우리나라 대한의 완전한 자주독립이오." 하고 대답할 것입니다.

동포 여러분!

나 김구의 소원은 이것 하나밖에 없습니다. 나는 칠십 평생 이 소원을 위해 살아왔고, 현재에도 이 소원 때문에 살고 있고, 미래에도 나는 이 소원을 달성하기 위해 살 것입니다. 독립이 없는 백성으로 칠십 평생에 설움과 부끄러움과 애탐을 받은 나에게 세상에서 가장 좋은 것은

완전하게 자주독립한 나라의 백성으로 살다가 죽는 일입니다.

나는 일찍이 우리 독립 정부의 문지기가 되기를 원했습니다. 이것은 우리나라가 독립국만 되면 나는 그 나라에 가장 미천한 자가 되어도 좋다는 뜻입니다. 그 이유는 독립한 제 나라의 빈천이 남의 밑에 사는 부귀보다 기쁘고, 영광스럽고, 희망이 많기 때문입니다.

옛날 일본에 갔던 박제상이 "내 차라리 계림의 개돼지가 될지언정 왜왕의 신하로 부귀를 누리지 않겠다." 한 것이 그의 진정한 마음이었다는 것을 나는 알고 있습니다. 제상은 왜왕이 높은 벼슬과 많은 재물을 준다는 것도 물리치고 달게 죽임을 받았으니, 그것은 "차라리 내 나라의 귀신이 되리라."는 마음 때문이었습니다.

근래 우리 동포 중에는 우리나라가 이웃 나라의 연방에 편입되는 것을 바라는 자가 있다고 합니다. 나는 그 말을 차마 믿고 싶지 않지만 만일 그러한 자가 있다고 하면 그는 제정신을 잃은 미친놈이라고 생각할 수밖에 없습니다.

나는 공자, 석가, 예수의 도를 배웠고 그들을 성인으로 숭배합니다. 하지만 그들이 세운 천당과 극락이 있다 하더라도 그것이 우리 민족이 세운 나라가 아니라면 우리 민족을 그 나라로 끌고 가지는 않을 것입니다. 왜냐하면 피와 역사를 같이 하는 민족이란 완연히 있는 것이기 때문입니다. 내 몸이 남의 몸이 못 되는 것처럼 이 민족이 저 민족이 될 수 없고 마지 형제라도 한 집에서 살기에 어려움이 있는 까닭입니다.

둘이 하나가 되는 것은 쉽지 않습니다. 하나는 높고 하나는 낮아서, 하나는 위에서 명령하고 하나는 밑에서 복종하는 것이 문제가 되기 때문입니다.

이를 두고 소위 좌익 무리는 조국을 부인하고 사상의 조국을 운운합니다. 혈족의 동포를 무시하고 소위 사상의 동무와 프롤레타리아트(자본주의 사회에서 노동력으로만 생활하는 계급)의 국제적 계급을 주장해 민족주의라면 마치 진리와는 멀리 떨어진 생각인 것처럼 말합니다. 이것은 매우 어리석은 생각입니다. 철학도 변하고 정치, 경제 학설도 일시적이지만 민족의 혈통은 영원합니다.

어느 민족이든 종교로, 학설로, 혹은 경제적, 정치적 이해의 충돌로 두 파, 세 파로 갈려서 싸웁니다. 하지만 지나고 보면 그것은 바람과 같이 지나가는 일시적인 것입니다. 민족은 뿌리와 가지를 걸고 한 수풀을 이루어 살고 있습니다. 좌익, 우익이란 것도 영원한 혈통의 바다에 일어나는 일시적인 풍파에 불과하다는 것을 잊어서는 안 됩니다.

모든 사상도 가고 신앙도 변합니다. 그러나 민족만은 공동의 운명에 얽힌 한 몸으로 이 땅 위에 남는 것입니다. 세계 인류가 한 집이 되어 사는 것은 좋은 일입니다. 그것은 인류 최후의 희망이자 이상입니다. 그러나 이것은 멀고 먼 장래의 소망일뿐, 현실은 그렇지 않습니다.

아름다운 목표를 향해 인류가 전진하는 것은 좋은 일이지만 이것도 현실을 떠나서는 안 되는 일입니다. 현실의 진리는 민족마다 최선의 국

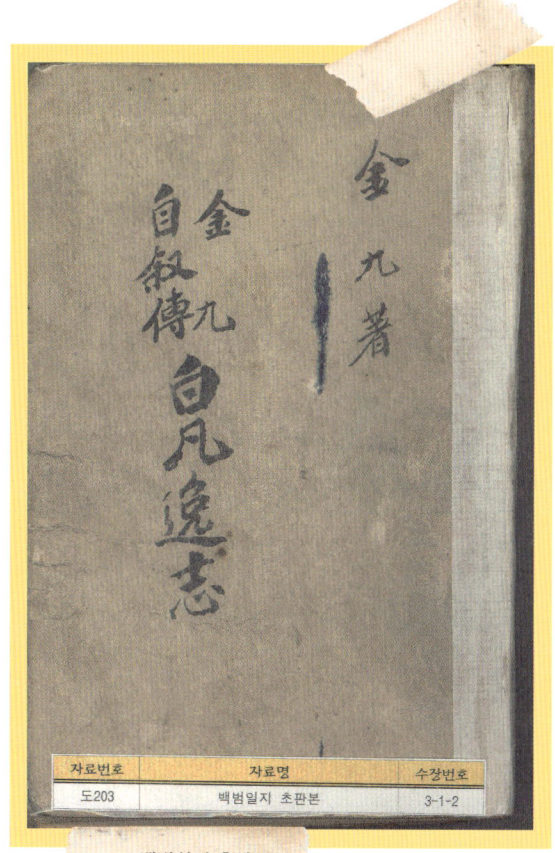

백범일지 초판

가를 이루어 최선의 문화를 키우는 것입니다. 그리고 다른 민족과 서로 바꾸어 돕는 것입니다.

이것이 내가 믿고 있는 민주주의이자, 가장 확실한 진리입니다. 그러므로 우리 민족이 해야 할 최고의 임무는 완전한 자주독립의 나라를 세우는 것입니다. 이것 없이는 우리 민족의 생활을 보장할 수 없습니다. 우리 민족의 정신력을 발휘해 빛나는 문화를 세울 수 없기 때문입니다.

자주독립을 한 뒤에는 이 지구 상의 인류가 진정한 평화와 복을 누릴 수 있는 사상을 낳는 것입니다. 나는 오늘날 인류의 문화가 불완전하다는 것을 알고 있습니다. 나라마다 안으로는 정치상, 경제상, 사회상으

로 불평등, 불합리가 있습니다. 밖으로는 나라와 나라, 민족과 민족끼리 시기와 알력, 침략 그리고 그 침략에 대한 보복으로 전쟁이 끊이지 않고 있습니다. 인심의 불안과 도덕의 타락은 갈수록 더하니 이러다가 인류는 마침내 멸망하고 말 것입니다.

우리 민족의 독립은 삼천리 삼천만의 일이 아니라 진실로 세계 전체의 운명에 관한 일입니다. 그러므로 우리나라의 독립을 위해 일하는 것이 곧 인류를 위해 일하는 것입니다.

우리가 세울 나라가 이처럼 위대한 일을 할 것을 의심한다면 그것은 스스로를 모욕하는 일입니다. 우리가 주연 배우로 세계 역사의 무대에 나서는 것은 오늘 이후입니다. 옛날 그리스 민족이나 로마 민족이 한 일을 우리 삼천만이 못하겠습니까? 내가 원하는 민족의 사업은 결코 세계를 무력으로 정복하거나 경제력으로 지배하려는 것이 아닙니다. 오직 사랑의 문화, 평화의 문화로 우리 스스로 잘 살고 인류 전체가 사이좋게 즐겁게 살도록 하자는 것입니다. 어느 민족도 일찍이 그러한 일을 한 이가 없었습니다. 그러나 공상이라고 생각하지 마십시오. 아무도 실천한 자가 없기 때문에 우리가 하자는 것입니다. 이 큰일은 하늘이 우리를 위해 남겨 놓으신 것입니다. 이것을 깨달았을 때 우리 민족은 비로소 제 길을 찾을 것입니다.

우리나라의 청년 남녀 모두 과거의 좁은 생각을 버리길 바랍니다. 그리고 우리 민족의 큰 사명에 눈을 떠 제 마음을 닦고 제 힘을 키우기 바

랍니다. 젊은 사람들이 모두 이 정신을 가지고 이 방향으로 힘을 쏟는 다면 삼십 년 안에 우리 민족은 진보되어 미래를 바라볼 것이라고 나는 확신합니다.

백범 김구 연보

1876년 (1세) 음력7월11일 해주 텃골에서 태어남 – 아명은 창암(昌巖)
1887년 (12세) 과거를 위한 서당 공부 시작
1892년 (17세) 과거 낙방, 관상 공부, 병법서 탐독
1893년 (18세) 동학 입문, 김창수(金昌洙)로 개명
1894년 (19세) 동학접주 첩지를 받음 – 동학농민군 봉기, 청일전쟁
1896년 (21세) 치하포에서 일본인 스치다 척살 – 투옥
1898년 (23세) 탈옥, 공주 마곡사에서 스님 원종이 됨
1899년 (24세) 환속, 해주 고향에 돌아옴
1900년 (25세) 이름을 구(龜)로 고침
1903년 (28세) 기독교에 입문
1904년 (29세) 최준례와 결혼
1905년 (30세) 상소, 공개 연설 등 구국운동, 신교육 사업 – 을사늑약 체결
1908년 (33세) 양산학교 교사
1909년 (34세) 재령 보강학교 교장
1911년 (36세) 일제 민족주의자 총검거, 징역 15년 선고
1912년 (37세) 이름을 구(九), 호를 백범(白凡)으로 고침
1919년 (44세) 상해 망명, 임시정부 경무국장이 됨
1922년 (47세) 임시정부 내무총장이 됨
1924년 (49세) 임시정부 노동국총판을 겸임
1926년 (51세) 임시정부 국무령에 선출
1929년 (54세) 백범일지 상권 탈고, 상해 교민 단장이 됨
1930년 (55세) 한국독립당 창당
1931년 (56세) 한인애국단 창단, 이봉창 의거 계획 세움
1932년 (57세) 이봉창·윤봉길 의사 의거, 임정 항주 이사
1934년 (59세) 한인특무독립군 조직
1935년 (60세) 한국국민당 조직, 임정 진강 이사
1940년 (65세) 임정 중경 이사, 주석으로 선출
1941년 (66세) 임시정부 일본에 선전포고
1942년 (67세) 좌파, 임시정부에 참여
1945년 (70세) 신탁통치 반대 총동원위원회 조직
1946년 (71세) 비상국민회의 조직
1947년 (72세) 반탁독립투쟁위원회 조직, 백범일지 출간
1948년 (73세) 북행하여 남북연석회의 참여
1949년 (74세) 안두희에 의해 총에 맞아 경교장에서 운명, 효창원에 안장